ANNETTE WEBER

HEUTE SCHIESSEN WIR UNS MAL WIEDER RICHTIG AB!

K.L.A.R.

AF288562

Verlag an der Ruhr

Impressum

Titel
Kurz – **L**eicht – **A**ktuell – **R**eal
Heute schießen wir uns mal wieder richtig ab!

Autorin
Annette Weber

Titelbildmotive
Bierflasche: © GooGoo – photocase.de
Schnapsflasche: © Verlag an der Ruhr

Illustrationen im Innenteil
Kronkorken: © abcmedia – stock.adobe.com
Kapitel-Icons: © Verlag an der Ruhr

Druck
Heenemann GmbH & Co. KG, Berlin, DE

Verlag an der Ruhr
www.verlagruhr.de
info@verlagruhr.de

PEFC-zertifiziert

Dieses Produkt
stammt aus
nachhaltig
bewirtschafteten
Wäldern

PEFC/04-31-1156   www.pefc.de

Ab 12 Jahre

© 2013, **Verlag an der Ruhr GmbH,**
Wilhelmstr. 20, 45468 Mülheim an der Ruhr
Nachdruck 2025
ISBN 978-3-8346-2397-3

Begleitendes Unterrichtsmaterial:

K.L.A.R. – Literatur-Kartei:
„Heute schießen wir uns
mal wieder richtig ab!"
Saskia Spielberg
Kl. 7–10, 64 S., A4,
PDF: ISBN 978-3-8346-2411-6
Hefter: ISBN 978-3-8346-2468-0

HALLO DU!

Bevor du anfängst, dieses Buch zu lesen,
will ich mich kurz vorstellen:
Ich heiße Annette Weber und schreibe seit
vielen Jahren Kinder- und Jugendbücher.
Mit meinem Mann lebe ich in Bad Lippspringe,
einem kleinen Ort in Westfalen. Unsere drei
Söhne sind nun erwachsen und wohnen nicht
mehr bei uns. Mein ältester Sohn ist sogar
schon verheiratet und hat ein kleines Kind.

In diesem Roman geht es um das Thema
Alkohol. Es wird die Geschichte von Lennart
erzählt, der gerne zusammen mit seinen
Freunden feiert und der sich lockerer fühlt,
wenn ein bisschen Wodka durch seine Adern
fließt.

Das Thema ist mir nicht so leicht gefallen.
Dabei habe ich doch als Mutter von drei
Söhnen ziemliche Erfahrungen vorzuweisen.
Denn natürlich fanden auch in unserem Haus
wilde Feten statt, wenn mein Mann und ich im
Urlaub waren. Auch gab es Vollräusche unter
unseren Kindern. Es gab Nächte, in denen

sie den Bus verpassten und angetrunken einen langen und nicht gerade ungefährlichen Weg durch die Dunkelheit nach Hause nahmen. Und es gab Nächte, in denen sie betrunkene Freunde und Freundinnen nach Hause schafften und sich dafür Strafpredigten der Eltern anhören mussten (denn die eigenen Kinder sind ja immer unschuldig in diese Sache hineingeraten!). Mein Roman hat mir selbst diese Zeit wieder lebendig vor Augen geführt und ich konnte noch einmal spüren, wie dicht sich die Jugendlichen oft am Abgrund bewegen.

Ich bin einfach nur froh, dass unsere Kinder aus dieser Zeit herausgewachsen sind.

Dir wünsche ich den Mut, dich gegen diese Gruppentrinker und -trinkerinnen zu stellen und den Weg zu gehen, den du wirklich richtig findest.

1

„Lennart, Lennart!", riefen Saskia, Jakob, Anna und noch einige andere aus der 8b.

„Fabi, Fabi, Fabi", riefen Matze, Bulli und die anderen.

Lennart grinste.

„Ich mach dich fertig!", rief er über das Netz.

Fabi winkte ab. „Da musst du noch ein bisschen schneller werden."

Sie spielten Tischtennis auf den wetterfesten Betonplatten der Jugendherberge. Mit der ganzen Klasse hatten sie ein Turnier veranstaltet. Lennart und Fabian waren die letzten, die übrig geblieben waren.

„9 : 9", zählte Herr Steffens, der Sportlehrer. Normalerweise war Fabian besser. Er trainierte seit vielen Jahren im Verein. Lennart dagegen spielte nur so aus Spaß gegen seinen Vater oder Cousin. Allerdings hatte er gerade von Fabian viele Tricks gelernt. Die beiden waren schon seit der Grundschule gute Freunde.

„Lennart hat Aufschlag", ordnete Herr Steffens an.

Lennart ließ den Ball eine Weile in seiner Hand auf und ab hüpfen. Dann schlug er ihn schnell und flach über das Netz. Fabian blockte, konterte dann beim nächsten Schlag mit einem frontalen Schuss. Lennart erwischte ihn in letzter Sekunde und spielte ihn hoch zurück. Unerreichbar für Fabian.

„10 : 9", murmelte jemand aus der Klasse. Immer noch hatte Lennart Aufschlag. Er überlegte, taktierte und spielte dann einen gekonnten Ball aus der verdeckten Hand. Fabian konterte direkt vor dem Netz, doch damit hatte Lennart gerechnet. Mit einem harten Rückschlag brachte er den Ball zum Rotieren. Unerreichbar für Fabian.

Gewonnen!

Fabian grinste. „Gut gemacht, Alter. Du hast viel bei mir gelernt!"

Sie klatschten sich ab. Fabian war ein guter Verlierer.

Die Klasse applaudierte.

Lennart war ziemlich aus der Puste. Er ließ sich auf die Bank fallen und wischte sich den Schweiß mit seinem T-Shirt ab. Dann griff er nach der Wasserflasche, schraubte den Deckel auf und nahm einen kräftigen Schluck.

Himmel, was war das? In seinem Mund explodierte etwas. Die Flüssigkeit brannte. Nahm ihm fast die Luft. Lennart wollte das Zeug in hohem Bogen ausspucken. Da sah er Jakobs Gesicht. Erschrocken sah er aus. Und für einen kurzen Moment legte er den Finger auf seinen Mund.

„Sag bloß nichts", hieß das.

Lennart schluckte und keuchte. Er versuchte, den Panikanfall zu unterdrücken. Das Zeug brannte immer noch in seiner Kehle. Doch allmählich bekam er wieder Luft.

Schweißperlen waren ihm auf die Stirn getreten. Lennart wischte sie verstohlen ab. Dann sah er sich vorsichtig um. Die anderen redeten unbekümmert miteinander. Niemand hatte den Vorfall bemerkt. Nur Jakob schaute Lennart immer noch mit einem sorgenvollen Gesicht an. Als er sah, dass Lennart sich wieder erholte, zwinkerte er ihm kurz zu und lächelte erleichtert.

Lennart kapierte. Er hatte sich bei der Flasche geirrt. Sein Wasser stand auf der anderen Bank. Diese Flasche gehörte Jakob. Und darin befand sich etwas ganz anderes. Lennart stellte sie zurück.

Er schlenderte zu der anderen Bank und nahm ein paar kräftige Schlucke aus seiner Flasche gegen den Brand in seiner Kehle. Danach schielte er erneut zu den Mitschülern und Mitschülerinnen hinüber. Sie waren völlig ahnungslos. Jetzt stellten sie sich für ein weiteres Tischtennisturnier auf.

Jakob nahm nun seine Flasche und schraubte sie auf. Er prostete Lennart kurz zu. Lächelte dabei. Dann trank er.

Dabei verzog er sein Gesicht keine Sekunde. Als wenn es Wasser wäre, was er trank.

Schließlich bemerkte er, dass Lennart ihn beobachtete.

Er grinste und zwinkerte ihm zu. Dann reichte er die Flasche an Matze weiter. Nun nahm auch dieser einen Schluck, ohne das Gesicht zu verziehen.

Lennart spürte eine große Unruhe. Was passierte hier? Es gab offenbar auf dieser Klassenfahrt ein paar Leute, die tranken irgendein durchsichtiges Zeugs – Wodka oder Korn – ohne dass man ihnen etwas anmerkte. Kaum zu glauben!

Die Klasse war eigentlich immer eine nette Truppe gewesen. Lehrkräfte behaupteten oft, die 8b sei die netteste Klasse der Schule. Okay, es hatten sich verschiedene Cliquen gebildet und ein paar Leute standen eher ein bisschen außerhalb, aber so richtig krasse Außenseiter oder Außenseiterinnen gab es in der Klasse nicht.

Das hatte sich geändert, als Jakob in die Klasse gekommen war. Er war älter als die anderen und hatte gleich einige in seinen Bann gezogen. Trotzdem wäre Lennart nicht auf die Idee gekommen, dass diese Clique so etwas Verbotenes tat. Alkohol auf der Klassenfahrt! Unfassbar irgendwie. Aber auch aufregend!

Wenn das rauskam, würde Jakob sofort nach Hause geschickt werden. Dann würde ihn eine saftige Klassenkonferenz erwarten. Ob die anderen wussten, dass es hier Jugendliche gab, die Wasser gegen Schnaps getauscht hatten? Wer gehörte noch dazu?

„Na, Revanche?", forderte Fabian Lennart zu einem neuen Spiel auf. Er wusste bestimmt nichts von dieser Parallelgruppe. Sonst hätte er mit Lennart darüber geredet.

Lennart ließ sich von Fabian zur Tischtennis-platte hinüberziehen. Aber diesmal war Lennart nicht so ganz bei der Sache. Er sah, wie Jakob in seiner Nähe stand. Der spielte kein Tischtennis. Er machte sowieso nie bei irgendwelchen sportlichen Veranstaltungen mit. Wahrscheinlich war ihm das viel zu kindisch.

Aus den Augenwinkeln bemerkte Lennart, dass sich Martha in Jakobs Nähe aufhielt. Jetzt reichte er ihr die Flasche. Sie nahm einen Schluck. Sah dabei nicht auf.

Martha war ein seltsames Mädchen. Immer total verschlossen. Lennart hatte sich noch nie länger mit ihr unterhalten. Sie lebte irgendwie in einer eigenen Welt. Zu Jakob schien sie engeren Kontakt zu haben, denn sie reichte ihm nun die Flasche zurück. Ihre Hände berührten einander kurz. Da lächelte sie.

„Oh Mann, Alter, konzentrier dich doch mal", maulte Fabian ihn an. „Den hättest du jetzt aber kriegen müssen. Oder soll ich Kinder-Ping-Pong mit dir spielen?"

Lennart schielte zu Jakob hinüber.

Der lachte ihm jetzt zu. Bestimmt ahnte er,

dass er ihn aus der Fassung gebracht hatte.
Jakob hielt die Flasche nun die ganze Zeit
über in der Hand. Er ließ seinen Arm baumeln
und bewegte das Getränk dabei lässig hin
und her wie ein Spielzeug. Das machte
Lennart richtig nervös.
Nun stand plötzlich auch Saskia neben
Jakob. Sie knuffte ihn an und lachte über
ihr fröhliches, sommersprossiges Gesicht.
Da reichte ihr Jakob die Flasche. Sie schraub-
te sie auf und trank einen kleinen Schluck.
Dann gab sie sie Jakob zurück.
Von Saskia hätte Lennart das eigentlich nicht
gedacht. Sie war so offen und auch so sport-
lich!
Jakob beugte sich nun zu ihr hinüber und
flüsterte ihr etwas ins Ohr. Danach hielt sich
Saskia erschrocken die Hand vor den Mund.
Dann sah sie zu Lennart hinüber und lachte.
Das war sie also, die Parallelgruppe, die
Clique der „Heimlichtrinkenden": Jakob Kra-
nenburg, Matze Albert, Saskia Schmidt und
Martha Heichenbach. Sie standen nun alle
vier dicht nebeneinander. Hin und wieder
reichten sie sich gegenseitig die Flasche zu.
Schnell und unauffällig.

Irgendwie cool waren sie.

„11 : 4", lachte Fabian. „Jetzt habe ich dich aber von der Platte gefegt!"

„Glückwunsch!", meinte Lennart. Und fügte dann hinzu: „Ich hab keinen Bock mehr."

Er setzte sich in die Sonne und streckte die Beine von sich. Er schloss die Augenlider nur halb und gab sich schläfrig. Dabei beobachtete er aber die Clique weiter. Sie waren immer dicht beieinander. Redeten miteinander. Berührten sich kurz. Die Flasche war ihr gemeinsames Geheimnis. Es verband sie.

Nach dem Abendessen kam er unerwartet mit Matze zusammen.

„Wer hatte noch keinen Tischdienst?", fragte Herr Steffens und sah auf seine Liste. „Lennart!", sagte er dann streng. „Und Matthias." Natürlich. Lennart hatte gehofft, sich vor dieser lästigen Arbeit drücken zu können. Aber nun hatte es ihn doch erwischt.

„Okay. Wollte ich immer gerne machen", murmelte er und stand auf. Die anderen lachten. „Komm, Matze!"

Matze erhob sich ebenfalls.

Sein Stuhl polterte. Er ging zum Teewagen hinüber und schob ihn durch die Schülergruppe hindurch auf den Speiseraum zu.

„Au. Spinnst du? Kannst du nicht aufpassen?", riefen ein paar Mädchen.

Matze war ihnen in die Hacken gefahren.

„Tschuldigung", murmelte Matze.

Die Art, wie er es sagte, ließ Lennart aufhorchen. Seine Stimme klang schleppend. Ob er betrunken war?

Jetzt starrte Matze auf die Teller vor sich. Er versuchte, sie zu stapeln, aber da er die Gabeln und Messer zwischen den einzelnen Tellern gelassen hatte, wuchs der Turm zu einer wackeligen Angelegenheit heran.

„Warte mal. Lass mich das lieber machen", rief Lennart und nahm Matze den Stapel Teller ab. Matze rülpste leise. Lennart sah sich um. Hoffentlich hatte das niemand gehört.

Jetzt sah er, wie Martha und Jakob noch im Speiseraum saßen. Sie hatten sich auf der Heizung niedergelassen. Sie wirkten zwar ins Gespräch vertieft, aber Lennart erkannte sofort, dass sie Matze nicht aus den Augen ließen.

Dieser stolperte jetzt auf den Teewagen zu.

„Lennart?", rief Herr Steffens. „Holt euch noch einen Eimer mit Spülmittel aus der Küche. Dann könnt ihr danach …"

Was sie konnten, erfuhr Lennart nicht mehr. Plötzlich polterte es. Matze hatte das Gleichgewicht verloren. Krampfhaft hielt er sich am Teewagen fest und versuchte, wieder auf die Beine zu kommen.

„Matze, Vorsicht!", schrie Lennart.

Zu spät! Es klirrte. Dann polterte der schwere Metallwagen auf den Boden. Die Glasschälchen lagen im Speisesaal verteilt. Einige waren zersplittert. Die Puddingreste verteilten sich zu einer großen, braunen Masse auf dem Boden. Auch einige Teller und Gläser waren zu Bruch gegangen.

Herr Steffens war sofort zur Stelle: „Was ist denn los?"

Matze versuchte, sich aufzurichten. Seine Lippen bemühten sich, irgendwelche Laute zu formen.

Total hilflos sah er dabei aus.

Mit einem Satz waren Martha und Jakob neben ihm und fassten ihn links und rechts an den Armen.

„Wir bringen ihn in sein Zimmer", erklärte
Jakob schnell. Er hatte dabei diesen er-
wachsenen Gesichtsausdruck, den die Lehr-
kräfte immer so an ihm schätzten. „Der hat ja
einen richtigen Schock."
Und sie transportierten ihn so schnell sie
konnten ab.
Herr Steffens sah ratlos zu Lennart hinüber.
„Was ist denn passiert?", fragte er noch
einmal.
Lennart versuchte, ein zerknirschtes Gesicht
zu machen.
„Ah, tut mir leid, das ist meine Schuld",
erklärte er. „Ich habe gar nicht gesehen,
dass Matze da stand. Und dann ist der
Teewagen auch schon umgefallen."
„Umgefallen? Der schwere Teewagen?"
Herr Steffens konnte das einfach nicht
glauben. „Na, das wird aber Ärger mit dem
Herbergsvater geben. So eine Sauerei!"
„Ich bring das wieder in Ordnung", sagte
Lennart schnell. Vorsichtig begann er, die
Scherben aufzusammeln.
Warum tat er das? Warum stellte er sich vor
diese Clique, bekam jetzt sogar noch den
Ärger für sie? Das konnte er im Grunde selbst

nicht verstehen. Und trotzdem, wenn er sie schützte, gehörte er irgendwie auch ein bisschen zu ihnen.

Plötzlich tauchte Martha neben ihm auf. Ohne ein Wort zu sagen, sammelte sie mit ihm zusammen das Geschirr auf. Still und schnell waren ihre Bewegungen. Sie sah Lennart nicht an. Nüchtern wirkte sie und sie roch auch nicht nach Alkohol. Dabei hatte sie an diesem Nachmittag bestimmt 4-mal von dem Zeug getrunken.

„Das gibt es doch nicht!", brüllte der Herbergsvater, als der die Bescherung sah.

„Ihr seid ja schlimmer als die Grundschulkinder!"

„Meine Eltern sind haftpflichtversichert", sagte Lennart. „Obwohl … ich glaube, das hier zahlt die Schule, oder?"

Er sah Martha nicht an, aber er spürte trotzdem ihre Blicke auf seinem Gesicht.

„Die Schule zahlt?", polterte der Herbergsvater weiter. „Ihr glaubt wohl, ihr könntet euch alles erlauben! Zahlt ja die Schule, was?"

Er hatte sich jetzt in Rage geredet. „Du kommst gleich mal zu mir. Kapiert?"

Der Herbergsvater stapfte wütend in die Küche.

Lennart tauchte nun den Lappen in den Eimer und wischte die Tische ab. Plötzlich spürte er eine Hand auf seinem Arm. Martha.

„Danke", sagte sie leise. „Das war mehr als fair von dir."

Lennart spürte ein Kribbeln auf seiner Haut. Und plötzlich wusste er, dass es gut war, was er gemacht hatte.

Diese Clique war irgendwie … anders. Erwachsener. Mutiger. Sie gingen ein hohes Risiko ein. Das war spannend.

Interessant war auch Martha mit ihrem ernsten Gesicht und diesen wachen Augen. Lennart mochte sie. Sie war irgendwie so geheimnisvoll.

Das Donnerwetter des Herbergsvaters und die kritischen Fragen des Klassenlehrers ließ Lennart über sich ergehen wie ein Herbstgewitter. Dann ging er langsam die Treppe zu den Schlafräumen hinauf. Dort warteten Jakob, Martha und Saskia auf ihn.

„Alles okay mit dir?", fragte Saskia.

Lennart winkte ab. Er versuchte, lässig zu sein. „Kein Thema. Alles im grünen Bereich.

Wie geht es Matze?"

„Der schläft erst mal", erklärte Martha.

„Hat der Steffens was gemerkt?", bohrte Jakob. Er tat immer so cool, aber er wusste auch, was auf dem Spiel stand.

„Glaube nicht", meinte Lennart. „Wäre aber gut, wenn Matze heute Abend wieder auftaucht. Sonst guckt Steffens nachher noch in eurem Zimmer vorbei."

„Alles klar!", nickte Jakob. „Wir stellen ihn unter die kalte Dusche."

Nun lachten alle leise. Sie waren eine verschworene Gemeinschaft.

Einen Tag später endete die Klassenfahrt. Gleich nach dem Frühstück fuhr der Bus die Auffahrt zur Jugendherberge hoch. Alle schleppten ihre Koffer die Treppe hinunter und suchten sich dann einen Platz im Bus. Die Clique um Jakob wählte sich zwei Bankreihen hintereinander. „Komm hierhin!", rief Lennart seinem Freund Fabian zu und drängte ihn auf einen Zweiersitz der Clique gegenüber. Lennart saß am Gang. Nur ein Meter trennte ihn von Jakob. Der grinste ihm zu.

Dann öffnete er für einen kurzen Moment seinen Anorak. Lennart erkannte sofort, dass eine Flasche in der Innentasche steckte. Diesmal war das Getränk als Sportgetränk getarnt.

Als der Bus losfuhr, machte die Flasche schon ihre Runde. Erst zu Matze, dann zu Saskia, dann zu Martha, danach noch einmal zu Matze und schließlich zu Jakob zurück. Der trank, spielte dann mit seiner Flasche, wippte mit der Hand und reichte sie schließlich über den Gang zu Lennart hinüber. Lennarts Herz klopfte. Er schielte zu Fabian. Der hatte seinen Blick auf sein Handy gerichtet. Entschlossen nahm Lennart einen vorsichtigen Schluck. Diesmal war kein brennendes Zeug in der Flasche. Diesmal schmeckte es süß und fruchtig. Lennart trank gleich noch einmal. Jetzt wartete er einen günstigen Moment ab und reichte die Flasche zu Jakob zurück. Sie sahen einander nicht an. Nur ihre Hände berührten sich kurz.

Lennart spürte ein Prickeln auf der Haut. Er gehörte dazu.

Als sie vor der Schule ankamen, sah Lennart seine Mutter und seine kleine Schwester auf dem Schulhof stehen. Franziska winkte ihm zu, hüpfte fröhlich auf und ab. Lennart stand auf und zog seinen Rucksack aus dem Gepäckfach. Er freute sich auf Zuhause. Plötzlich stand Martha neben ihm. „Hier", sagte sie und reichte ihm ein Kaugummi. „Muss ja nicht gleich jeder deine Fahne riechen."

Lennart grinste. „Danke."

Er steckte das Kaugummi in den Mund. Dann sprang er aus dem Bus, umarmte Franziska und drückte seiner Mutter einen Kuss auf die Wange. Aus den Augenwinkeln sah Lennart, wie Jakob ihn belustigt beobachtete. Jakob wurde nicht abgeholt. Er zog seinen Rollkoffer die Straße entlang zur Bushaltestelle. Als Lennart an ihm vorbeifuhr, winkte er ihm lässig nach.

2

„Unglaublich. Guck mal!" Frau Berger schob ihrem Mann die Zeitung rüber. „Ein Schüler hat sich auf einer Klassenfahrt derartig betrunken, dass er auf der Intensivstation gelandet ist."

Lennart knabberte an seinem Toast herum. Müde schaute er auf die Überschrift: „Komasaufen auf der Klassenfahrt."

„Das war eine achte Klasse", fuhr die Mutter fort.

„Die werden wirklich immer jünger", murmelte der Vater. Er las kurz die Überschrift und vertiefte sich wieder in seinen Zeitungsteil.

„Lehrkraft zu sein, ist sicher kein leichter Job", fuhr die Mutter fort. „Die sind wahrscheinlich auch froh, wenn sie so eine Fahrt überstanden haben."

„Hmmm", machte Lennart und nahm einen Schluck Kakao.

Plötzlich sah der Vater auf und betrachtete Lennart nachdenklich.

„Gibt es bei euch auch schon solche Kampftrinker?", fragte er. Er konnte immer so durchdringend gucken. Lennart fühlte sich plötzlich unwohl.

„Quatsch." Er schob sich den restlichen Toast in den Mund und stand auf. „Ich muss los. Eben noch Zähne putzen."

„Warte auf mich!", brüllte Franziska. Sie liebte es, mit ihrem großen Bruder zur Schule zu gehen.

„Vergiss deine Gitarre nicht", rief die Mutter. Lennart zog Anorak und Schuhe an, warf den Rucksack über die eine und die Gitarre über die andere Schulter. Wurde Zeit, dass es Ferien gab. Lennart hatte keinen Bock mehr auf dieses Geschleppe.

Franziska ging mit großen Schritten neben ihm her. An der Ampel trafen sie drei kichernde Freundinnen von ihr, alle mit kleinen Glitzerspangen in den Haaren. Das schien jetzt bei den Mädchen in der fünften Klasse Mode zu sein.

„Spielst du heute wieder Gitarre?", fragte das eine Mädchen und sah bewundernd auf Lennarts Instrument.

„Hm!", brummte Lennart. Und er kam sich mitten in dieser kichernden Mädchenclique vor wie im Kindergarten.

Als er mit diesen quatschenden Hühnern an der Schule ankam, sah er Saskia, Martha, Matze und Jakob an der Schulmauer stehen. Sie betrachteten ihn mit spöttischem Grinsen.

„Da kommt ja unser Leitwolf", witzelte Jakob.

„Komme mir eher vor wie ein Hühnerhalter", grinste Lennart. Dann schickte er die Mädchen weiter und stellte sich zu der Clique.

Die brachen ihr Gespräch jetzt ab und sahen Lennart aufmerksam an.

„Machst du heute wieder Musik?", fragte Jakob und ruckelte an Lennarts Gitarre.

Das klang ein bisschen herablassend.

„Ja. Der Grunert hat heute seinen letzten Tag." Lennart fühlte sich unwohl.

„Stimmt. Die vierte Stunde fällt aus", fiel Martha jetzt ein. „Das ist seine Abschiedsfeier, stimmt's?"

„Muss man da hingehen?", fragte Matze und grinste. „Ich glaube, ich habe einen anderen Termin."

„Du willst doch nicht unsere Schulband verpassen", erwiderte Jakob und wieder klang es spöttisch. „Was spielt ihr für Lieder?"

Lennart war auf der Lauer. Was wollten sie von ihm? Machten sie sich jetzt über ihn lustig, weil er in der Schulband war? Sie spielten schon seit drei Jahren miteinander, hatten ein gutes Niveau und schon einige Preise gewonnen.

Lennart sah Fabian aus dem Schulbus steigen. Er winkte ihm zu.

„Tschau dann", sagte Lennart. Schnell lief er zu Fabian hinüber.

Die Schulband traf sich in der großen Pause ein letztes Mal, um für die Abschiedsfeier des Schulleiters zu üben. Extra für ihn hatten sie seine Lieblingslieder einstudiert. Eins davon war „Summer of '69" von Bryan Adams. Damit wollten sie die Feier eröffnen. In der Mitte stand „Tage wie diese" auf dem Programm und als Letztes war „Time to Say Goodbye" geplant. Hoffentlich würde der Grunert nicht in Tränen ausbrechen! Selda konnte es nämlich immer so herzzerreißend singen.

„Also los, Leute. Wir spielen alles noch einmal durch", ordnete Herr Weiß, der Musik-lehrer, an. Er gab Lennart das Zeichen für Start. Lennart schlug den ersten Akkord an. Spielte dann $D - D^7 - D - D^7$, $A - A^7 - A - A^7$.

Jetzt setzte auch Mona mit ihrer Gitarre ein.
Und dann sang Selda auch schon los. Sie
hatte eine schöne Stimme.

„I got my first real six-string, …"

Beim Refrain setzten dann alle mit ein:

„… those were the best days of my life."

Sie hatten lange für den Auftritt geübt. Es
klappte alles richtig gut.

„Perfekt", rief Herr Weiß begeistert und
klatschte in die Hände. „Okay, Leute, erholt
euch. Gleich geht's los."

Lennart verschwand auf der Toilette. Einmal,
weil er musste, zum anderen, weil er kurz für
sich allein sein wollte. Er war erst immer so
cool und locker. Wenn es dann aber an den
Auftritt ging, packte ihn in der letzten Minute
das Lampenfieber.

Er setzte sich einen Moment lang auf den
Klodeckel und schloss die Augen. Zwei
Stimmen ließen ihn aufhorchen.

„Haust du ab?"

„Klar. Meinst du, ich höre mir dieses ganze
Gelaber an?"

Der andere lachte. „Und dann diese Kinder-
lieder. Ich bin sicher, heute spielen sie wieder
‚I am sailing …'"

Die beiden sangen falsch und schräg. Dann lachten sie.

Lennart lauschte. Klarer Fall. Das waren die Stimmen von Jakob und Matze. Lennart war ein bisschen erschrocken darüber, dass sie sich so über die Schulband lustig machten. Die Band lag ihm schließlich am Herzen.

„Komm doch mit", sagte Matze jetzt. „Ich geh runter in den Park. Ein bisschen alken."

Alken? Das war typisch Matze.

„Nee, geht nicht. Der Steffens merkt sofort, wenn ich nicht da bin."

„Schade. Dann viel Spaß bei den Wannabe-Rockern."

Wieder lachten beide. Dann wurden Türen geknallt.

Lennart saß noch eine Weile auf dem Klo. Er war irgendwie bedrückt, dass ausgerechnet die Jungs, die er ganz gerne mochte, so über ihn redeten. Aber im Grunde war es auch egal. Sollten sie labern, was sie wollten. Ihm machte das Spielen in der Band Spaß. Und das war schließlich das Wichtigste.

Lennarts kleine Schwester und ihre Glitzer-
spangenfreundinnen setzten sich in die erste
Reihe der Aula. Franziska strahlte ihn an. Ihre
Freundin warf Lennart ebenfalls ein strahlen-
des Lächeln zu. Dann formte sie die beiden
Zeigefinger und Daumen zu einem Herzchen.
Oh Gott, auch das noch! Was für ein Kinder-
garten! Lennart schämte sich ein bisschen.
Herr Weiß gab das Zeichen zum Einsatz.
D – D⁷ – D spielte Lennart. Er sah, wie Jakob
ihn angrinste und sich langsam und provo-
zierend Kopfhörer in die Ohren schob.
Lennart senkte seinen Blick. Bloß nicht
hinsehen! Sonst verspielte er sich noch.
Er ärgerte sich selbst darüber, dass ihm
Jakobs Verhalten so viel ausmachte. Irgend-
wie hatte er sich gewünscht, die Clique würde
ihn bewundern.
Immerhin rührten sie mit ihrer Musik den
Schulleiter tatsächlich zu Tränen. Das war
wenigstens ein Trost.

Als Lennart Freitagnachmittag von der Bandprobe kam, traf er Martha an der Bushaltestelle.

„Hattet ihr wieder eure Musik-AG?", fragte sie. Lennart beobachtete sie misstrauisch. Aber sie sagte es ganz ohne Spott.

Er nickte. „War aber ziemlich langweilig", meinte er.

Und das stimmte. Seit einer Woche war die Band nicht mehr das, was sie vorher gewesen war. Und das hing irgendwie mit Jakob und Matze zusammen. Die Tatsache, dass sie die Songs kindisch fanden, hatte auch Lennart kritischer werden lassen. Plötzlich nervte es ihn, dass sie nur Popsongs sangen. Und heute war ihm Seldas schleimige Stimme schrecklich auf den Geist gegangen.

„Was machst du?", wollte Lennart wissen.

„Ich fahre zu Jakob", berichtete Martha.

„Wir treffen uns eigentlich immer da. Komm doch mit. Jakob hat bestimmt nichts dagegen."

Lennart überlegte. Es war erst kurz nach fünf und eigentlich hatte er nichts weiter vor.

„Okay", meinte er dann. „Wenn du meinst."

Als der Bus kam, stieg er mit Martha ein. Dann schrieb er seinen Eltern eine Nachricht, dass es später werden würde.

L ennart fuhr mit Martha an der Bushaltestelle vorbei, an der er normalerweise
aussteigen musste.

„Ich wohne übrigens hier", berichtete Lennart
und zeigte aus dem Busfenster. „In dem
weißen Haus. Nummer 23."

„Ihr habt ein eigenes Haus?"

Lennart nickte.

„Wir wohnen in dem großen Block da neben
der Schule", erklärte Martha. „Wir haben eine
kleine Wohnung. Jakob wohnt noch zwei
Dörfer weiter."

Sie stiegen in der Dorfmitte aus, bogen dann
in eine kleine Straße ein. Zwei Höfe lagen
hier und es roch ziemlich stark nach Mist
und Gülle.

Nun ging Martha auf ein altes Bruchsteinhaus
zu, das am Ende der Straße lag.

„Hier wohnt er. Wir können gleich in den
Keller gehen."

Sie ging um das Haus herum auf einen Keller-
eingang zu. Lennart versuchte, durch die
Scheibe zu spähen. Sie war jedoch total

beschlagen. Nur Umrisse von Menschen waren zu erkennen. Martha klopfte kurz gegen die Tür, dann öffnete sie. Laute Musik dröhnte ihnen entgegen. Heavy Metal.

Lennart schob sich hinter Martha in den Keller. Das Zimmer war als Partyraum umgebaut worden. Alte Sessel und Sofas standen um einen Tisch herum. An der einen Wand war eine Theke mit Partyhockern aufgebaut. Zwischen all den Leuten, die da saßen, erkannte Lennart Jakob, Matze und Saskia.

Nun stand Jakob auf und ging auf Martha zu. Er umarmte sie kurz, schlug dann Lennart auf die Schulter.

„Lennart, altes Haus. Was machst du denn hier?"

Jakob schien sich tatsächlich zu freuen.

„Ich hab ihn mitgebracht. Er kam aus der Schule", berichtete Martha.

„Bandprobe", ergänzte Lennart. Er stellte seine Gitarre zur Seite und sah sich um.

„Gemütlich habt ihr's hier."

„Willst du einen Drink?", fragte Jakob. Und ohne eine Antwort abzuwarten, goss er Lennart schon eine Flüssigkeit in ein Glas. Dann füllte er es mit Cola auf.

„Warum nicht?", meinte Lennart. Er wollte nicht kindisch erscheinen. Irgendwie freute es ihn auch, dass Jakob ihn so freundlich aufnahm. Mit dem Glas in der Hand setzte er sich zu den anderen Gästen. Ein Mädchen aus der Parallelklasse saß dort. Und da hinten an der Bar waren zwei Jungen, die Lennart noch von der Grundschule kannte. Insgesamt mochten es zehn oder zwölf sein. Es war schön, hier willkommen zu sein.

Nun drängte sich Matze neben ihn. „Lennart!" Er schlug ihm auf den Rücken wie einem alten Freund.

Lennart merkte sofort, dass Matze wieder zu viel getrunken hatte.

„Wisst ihr eigentlich, dass mir Lennart den Kopf gerettet hat?", brüllte Matze nun gegen die laute Musik an. Lennart winkte ab. Er wollte jetzt auf keinen Fall, dass Matze diese Jugendherbergsgeschichte erzählte. Aber der war nicht mehr zu bremsen.

„Wir hatten zusammen Küchendienst, Lenni und ich. Ich hatte mir vorher die Birne mit irgend so 'nem Birnenschnaps zugekippt." Matze lachte nun über seinen eigenen Witz.

„Birnenschnaps in der Birne!"

Es war jetzt unübersehbar, wie betrunken
er war. In allen Einzelheiten erzählte er die
Geschichte von Lennart und dem Teewagen.
Und als er endlich fertig war, kippte er sich
seinen Drink mit einem Schluck in den Hals.
Die anderen lachten und applaudierten. Ob
über Lennarts Heldentat, Matzes Geschichte
oder die Tatsache, dass er das Glas mit
einem Schluck leer trank, war nicht so klar.

„Lennart hat sogar seine Gitarre mitgebracht",
sagte Saskia eine Weile später. Auch ihre
Stimme klang ein bisschen schleppend.
„Willst du nicht was spielen?"
„Ja, los!"
Als Lennart sich verbissen weigerte, wurden
die Forderungen lauter.
„Bitte!"
„Wir lästern auch nicht."
Lennart war misstrauisch. Wieso betonten
sie so, dass sie nicht lästern würden.
Taten sie es sonst?
Vorsichtig nippte er an seinem Getränk.
Der Alkohol schmeckte bitter durch die Cola
hindurch.

„Ich hab 'ne Idee, Kinder", meinte Jakob schließlich. „Wir spielen ,Reise nach Jerusalem'. Lennart macht Musik und wenn er aussetzt, müssen wir uns einen Stuhl suchen. Wer übrig bleibt, muss einen trinken."
Wieder lachten und applaudierten alle. Schließlich lachte Lennart mit. Er kannte dieses Spiel von den Kindergeburtstagen mit Franziska. Da hatte er auch immer Gitarre gespielt.

„Also los!" Jakob stellte Stühle in eine Reihe. „I am sailing …", spielte Lennart nun wirklich, und Matze sang und segelte mit. Als die Musik aussetzte, war er es natürlich, der keinen Platz bekam. Das fand er irre komisch. Er segelte noch einmal durch den Raum und landete schließlich vor der Bar.

„Ich will ein großes Glas!", rief er.
Jakob wählte ein Schnapsglas und goss es bis zum Rand voll mit Pfirsichwodka. Wieder spülte Matze die Flüssigkeit in einem Schluck herunter. „Lecker", meinte er.
Ein Stuhl wurde zur Seite gestellt und die Gruppe setzte sich erneut in Bewegung.

„Can you hear me, can you hear me …", sang Lennart weiter. Matze begleitete ihn mit lauter

Stimme. Nach der nächsten Zeile setzte Lennart schließlich aus. Diesmal war Saskia ohne Stuhl geblieben. Auch sie trank Pfirsichwodka aus dem Schnapsglas. Und Matze trank zur Solidarität noch einen mit.

„Lasst uns froh und munter sein …", stimmte Lennart nun ein Nikolauslied an. Wenn schon Kinderkram, dann richtig!

„Lustig, lustig, tralalalala", sangen alle mit, obwohl es doch Juni war und der Sommer vor der Tür stand.

Wieder setzte Lennart aus. Diesmal traf es Jakob.

Zuletzt kämpften nur noch Martha und das Mädchen aus der Parallelklasse um den letzten Stuhl. Martha verlor, forderte aber ein kleines Glas. Niemand hatte etwas dagegen. Jetzt wurde auch Lennart ein Glas gereicht.

„Um die Stimme zu ölen", wie Jakob meinte.

Es war so ein lustiger Abend. Lennart merkte gar nicht, wie die Zeit verging. Als er auf sein Handy schaute, war es kurz vor zehn. Zwei verpasste Anrufe. Von seinen Eltern.

Lennart bekam einen Riesenschrecken.

„Ich muss nach Hause", rief er. Dann packte er seine Gitarre, warf sie auf den Rücken und winkte den anderen zu. Die registrierten es kaum.

Lennart verließ den Keller so schnell er konnte. Draußen war es schon dämmrig.

Der Weg zur Bushaltestelle war nicht weit. Trotzdem hatte Lennart das Gefühl, nicht vorwärtszukommen. Er war betrunkener, als er gedacht hatte. Hoffentlich merkten seine Eltern nicht, dass er getrunken hatte!

An der Haltestelle setzte sich Lennart auf die Bank und zog sein Handy aus der Tasche. „Entschuldigung. Habe den Anruf nicht gehört", schrieb Lennart seinen Eltern.

„Bin in einer halben Stunde zu Hause."

Gott sei Dank kam der Bus schnell.

Als Lennart das Haus betrat, war es schon überall dunkel. Die Eltern schienen schon ins Bett gegangen zu sein. Das erleichterte Lennart total. Er fühlte sich doch ziemlich angetrunken.

Leise schlich Lennart in sein Zimmer.

Als er im Bett lag, drehte sich alles um ihn. Das war irgendwie ein lustiges Gefühl.

4

„Wann bist du denn gestern Abend nach Hause gekommen?", fragte die Mutter am nächsten Morgen. Sie betrachtete Lennart aufmerksam.

Lennart ging es nicht so gut. Er war müde und der Alkohol vom Tag vorher lag ihm noch im Magen. Aber er musste unbedingt einen guten Eindruck machen. Sonst konnten seine Eltern ziemlich kleinlich werden. Und das konnte er überhaupt nicht gebrauchen.

„So gegen zehn", meinte er. „Tut mir echt leid, dass ihr euch Sorgen gemacht habt. Ich habe einfach vergessen, Bescheid zu sagen. Ich hab nach der Schule eine aus meiner Klasse getroffen und bin mit der mit zu Jakob."

„Den Namen habe ich noch nie gehört."

Au Mann! Seine Mutter konnte einem echt auf die Nerven gehen mit ihren vielen Nachfragen. Sie musste immer alles genau wissen.

„Jakob Kranenburg. Der ist neu in unserer Klasse. Kommt aus Heimbach."

„Und da konntet ihr einfach so hingehen?", forschte die Mutter weiter.

Lennart nickte. „Der hat einen großen Partyraum im Keller. Mit Kicker und Playstation und
so. Da waren ganz viele aus meiner Klasse."
Lennart knabberte an seinem Toastbrot
herum. Er bemühte sich, gleichgültig zu wirken.

„Spricht ja nichts dagegen, dass Lennart da
hingeht", mischte sich nun der Vater ein und
legte die Zeitung zur Seite. „Wäre nur schön,
wenn du das nächste Mal Bescheid sagst,
wenn es später wird."

„Und wenn du nach Hause kommst und wir
liegen schon im Bett, komm trotzdem noch
mal kurz rein und melde dich", forderte nun
seine Mutter. „Ich kann nämlich gar nicht
richtig schlafen, wenn ich nicht weiß, ob du
zu Hause bist."

„Stimmt", nickte der Vater. „Deine Mutter hat
nachts noch bei dir ins Schlafzimmer geguckt,
ob du auch im Bett liegst."

Himmel, auch das noch! Hoffentlich hatte
das Zimmer nicht nach Alkohol gerochen.
Die Mutter hatte eine verdammt gute Nase.

„Alles klar!", murmelte Lennart. Dann nahm
er seinen Rucksack. Er wollte in die Stadt
fahren, um neue Gitarrensaiten zu kaufen.

„Warte, ich komme mit!", rief Franziska.

Aber auf den Kindergarten hatte Lennart nun überhaupt keinen Bock. So schnell er konnte, stapfte er davon, ohne auf seine Schwester zu warten.

An den kommenden Wochenenden war Lennart nun häufiger Gast bei Jakob. Er fühlte sich wohl in der Runde dort im Keller. Es gab so viel zu erzählen und so viel zu lachen. Und dann war da natürlich auch dieses gemeinsame Geheimnis mit dem Alkohol. Alle, die konnten, brachten eine Flasche mit. Und mit jedem Schluck wurde die Stimmung ausgelassener und fröhlicher.

Schon 2-mal hatte Lennart die Bandprobe abgesagt. Herr Weiß war ziemlich enttäuscht darüber.

„Was ist mit dir?", fragte er ihn. „Hast du keine Lust mehr?"

„Stress, Stress!", murmelte Lennart. „Wir schreiben jetzt eine Menge Arbeiten. Aber nächste Woche komme ich bestimmt."

Herr Weiß sah traurig aus. Wahrscheinlich spürte er, dass Lennart sich immer weiter von der Gruppe entfernte.

„Es ist wichtig, dass du regelmäßig kommst",
erklärte Herr Weiß nun. „Beim nächsten
Schulfest haben wir einen Auftritt. Außerdem
wollen wir doch wieder bei dem Wettbewerb
mitmachen. Wenn du keine Lust hast, sag es.
Dann suchen wir uns einen anderen Gitarristen."
„Nee, nee, schon klar. Ich mache weiter mit",
erwiderte Lennart schnell. Dann flitzte er zu
seinem Klassenraum hinüber.

Endlich war wieder Wochenende. Lennart
schleuderte seinen Rucksack in sein Zimmer,
meldete sich pflichtbewusst bei seiner Mutter
ab und machte sich auf den Weg zu Jakob.
Nach und nach trafen auch die anderen ein.
Julian stellte eine Flasche Schokolikör auf die
Theke der Bar. Die hatte er seinen Eltern aus
dem Keller gestohlen.
„Sie trinken das Zeug sowieso nicht", meinte
er.
Jakob verteilte wieder Schnapsgläser und
schenkte ein. Sie genossen den Likör in
kleinen Schlucken. Er schmeckte richtig gut.
Jetzt betrat Saskia den Kellerraum. Sie hatte

ihre Wii und ein paar Spiele mitgebracht. Nun wurde es richtig lustig. Sie spielten zu zweit gegeneinander, mal Tennis, mal Autorennen, zuletzt „Guitar Hero". Das war ein Spiel, bei dem man in großer Geschwindigkeit die Saiten einer Gitarre anschlagen musste.

Das war das Spiel für Lennart. Als guter Gitarrist schlug er alle anderen.

Wer verlor, musste zur Strafe einen Likör trinken. Aber auch die Gewinner und Gewinnerinnen genehmigten sich das eine oder andere Glas. Viel zu schnell war die Flasche leer.

„Wer geht los und holt frischen Alk?", fragte Jakob. „Bei uns gibt es einen Supermarkt, außerdem eine Tanke."

„Das läuft bei uns gar nicht", murmelte Matze. „Im Supermarkt sitzen so 'n paar alte Frauen an der Kasse. Die kommen dir echt mit diesem Mutti-Ton: ‚Kann ich mal deinen Ausweis sehen?'" Matze stöhnte.

„Wir teilen uns auf", schlug Lennart vor. „Wer eine Flasche gekriegt hat, hat gewonnen."

„Und darf den ersten Schluck trinken", rief Matze begeistert.

Jetzt hatten sie es eilig. Sie zogen ihre Jacken an und traten ins Freie.

„So viel frische Luft macht mich richtig fertig", murmelte Matze. Er zündete sich eine Zigarette an.

Dann gingen sie los. An der Straßenecke teilten sie sich auf. Matze, Jakob und Saskia wollten zur Tankstelle. Martha und Lennart beschlossen, es im Supermarkt zu versuchen. Lennart war froh, dass Martha mit ihm ging. Sie war irgendwie … was Besonderes.

„Hast du schon mal versucht, Alkohol zu kaufen?", fragte er sie.

Martha schüttelte den Kopf. „Nee. Ich habe keine Erfahrung mit Verkäuferinnen bequatschen. Und du?"

„Ich auch nicht."

Sie betraten den Laden, spazierten zwischen den Marmeladen und Kuchenteilchen auf die Getränkeregale zu.

„Was nehmen wir?", wollte Martha wissen.

„Vielleicht wieder so einen Schokocream. Der war doch ganz lecker."

Lennart griff eine Flasche aus dem Regal. Sie sollte 8,25 € kosten. Lennart hatte einen Fünfer dabei. Martha ebenfalls.

„Also los!", meinte Lennart und schritt mutig auf die Kasse zu. Martha folgte ihm.

Er stellte die Flasche aufs Band und verwickelte dann Martha in ein harmloses Gespräch. Er hoffte sehr, dass man ihm seine Aufregung nicht ansah.

„Deinen Ausweis bitte!", sagte die Verkäuferin streng.

„Ausweis?" Lennart kramte in der Hosentasche, zog sein Portemonnaie heraus.

„Hab ich, glaub ich … nee. Hab ich nicht dabei. Tut mir leid. Aber ich bin schon 18. Ganz bestimmt."

Die Verkäuferin schüttelte den Kopf.

„Geht nicht!", sagte sie mit strenger Stimme. „Nur mit Ausweis."

„Hast du vielleicht …", wandte sich Lennart an Martha, aber die schüttelte auch den Kopf.

„Können Sie nicht eine Ausnahme machen?", bettelte Lennart. „Ich bin wirklich 18. Ich schwöre."

Nun hatte sich eine lange Schlange hinter ihnen gebildet.

„Stellt die Flasche zurück!" Die Kassiererin klang echt genervt.

„Aber wieso denn?", regte sich Lennart jetzt auf. „Wirklich. Wir sind volljährig. Sie können unsere Eltern fragen."

„Dann kommt mit euren Eltern wieder."
Die Kassiererin blieb hart.
„Aber wieso …"
Lennart wusste, dass man viel erreichen
konnte, wenn man viel Lärm machte. Dann
wurden die Schlangen länger und länger.
Und vielleicht wurde man durchgewinkt.
„Nun macht schon! Flasche zurück und dann
ab mit euch!", fauchte sie ein Kunde an.
„Die Jugend säuft sowieso viel zu viel."
„Genau", mischte sich eine andere Kundin
ein. „Immer wieder liegt einer im Koma. Das
liest man doch jeden Tag in der Zeitung."
„Ach komm!", sagte die Kassiererin genervt.
Sie zog die Flasche über die Scannerkasse.
„8,25 €", sagte sie.
Lennart konnte sein Glück kaum fassen.
Schnell reichte er ihr das Geld.
Martha klemmte sich die Flasche unter den
Arm. So schnell sie konnten, verließen sie
den Laden.

Als sie bei Jakob ankamen, war die Stimmung
schon auf Hochtouren. Die anderen hatten
nämlich Rum gekauft.

„Da war so ein Mädchen an der Kasse. Der habe ich erzählt, ich backe einen Kuchen für meine Oma", rief Jakob und lachte so laut, dass die anderen mitlachen mussten.

Sie öffneten die Flaschen und verteilten den Inhalt. Schokolikör in das Schnapsglas, Cola-Rum in die Wassergläser.

„Auf unsere Freundschaft", rief Matze.

Sie spielten wieder mit der Wii. Aber diesmal war Lennart deutlich langsamer geworden. Gegen Martha verlor er sogar „Guitar Hero". Dann gab er schließlich auf. Auch die anderen spielten kaum noch. Die Gespräche wurden lauter, die Stimmen schleppender.

„Ich kann mich ... gar nicht ... mehr ... kontrezieren", lallte Matze. Die anderen lachten sich kaputt.

„Kontri... kontri... nee, warte mal. Konzentrieren", verbesserte Lennart. Und dann lachten sie noch mehr.

„He, haltet mal die Klappe!", rief Jakob plötzlich. „Martha ist eingeschlafen."

Lennart schaute zu Martha hinüber. Eben noch hatte sie mit ihm geredet. Hatte sogar noch gelacht. Jetzt lag sie plötzlich über die Armlehne gebeugt und hatte die Augen geschlossen. Es war doch alles in Ordnung mit ihr, oder?

Er beugte sich über sie und horchte. Ihre Atemzüge gingen leise und regelmäßig.

„Eh, Alter, knutscht du sie jetzt oder was?", plärrte Matze.

Er war so dermaßen peinlich, wenn er besoffen war. Lennart ging er jedenfalls total auf die Nerven.

Nun waren auch die anderen aufgestanden und bildeten einen Kreis um Martha.

„Die pennt echt. Tief und fest."

„Martha!", rief Jakob nun und schüttelte sie. Martha öffnete das eine Auge einen Spalt weit. Das sah ein bisschen ekelig aus.

„Martha!", sagte Lennart nun. „Schläfst du?" Wieder zuckte Martha mit den Augen. Öffnete sie dann einen Moment lang und sank schließlich auf die Sofalehne zurück.

„Die ist total weg." Das war Jakob.

„Hat sie denn so viel getrunken?", fragte Saskia besorgt.

Lennart überlegte. „Fünf Gläser von dem Schokolikör bestimmt." Er roch an der Cola, die vor Martha auf dem Tisch stand. „Hier ist auch ordentlich was drin."

Eine Weile umstanden sie Martha und betrachteten sie. Sie lag dort wie tot. Ihr Gesicht war ganz bleich.

Jakob hob einen Arm von ihr und ließ ihn dann auf die Armlehne fallen. Er fiel widerstandslos. Als wenn er aus Gummi wäre. Die anderen lachten.

„Mach das noch mal, Jakob!"

Jakob hob den Arm erneut in die Luft und ließ ihn fallen, und wieder lachten alle. Alle, außer Lennart. Dem ging das irgendwie ziemlich auf den Nerv.

„Lasst sie doch in Ruhe!", rief er, aber niemand hörte auf ihn.

„Leute, macht mal Platz!", rief einer aus der neunten. Er hieß Chris und hing schon seit Wochen bei Jakob ab. Er beugte sich über sie. Erst dachte Lennart, er wollte Martha genauer untersuchen, dann aber sah er, dass Chris einen Filzstift in der Hand hatte.

„TOT!", schrieb er in schwarzen Großbuchstaben auf ihre Stirn. Dann machte er noch ein Kreuz dahinter.

„Spinnst du?", rief Lennart erschrocken.

„Das kannst du doch nicht machen."

Doch die anderen lachten.

„Mensch, Lenne, ist doch nur Spaß", versuchte Saskia, ihn zu beruhigen. Ausgerechnet Saskia! Der hätte Lennart ein bisschen mehr Einfühlungsvermögen zugetraut.

„Gib mir mal!", rief nun Matze. Chris reichte ihm den Filzstift und Matze krickelte einen Blitz auf Marthas Wange.

„Wie bei Harry Potter!" Jakob lachte. „Martha wird sich freuen. Die ist doch so ein Fantasyfan."

„Gib mir auch mal den Stift!", meinte Saskia nun. Sorgfältig malte sie Martha ein Pentagramm auf die andere Seite der Wange.

Jakob malte ihr eine kleine Blume. Das sah richtig süß aus.

Nun kriegte auch Lennart Lust, mitzumachen. Ein Schluck Cola-Rum, dann nahm auch er den Filzstift. Unterhalb des linken Auges zeichnete er ein kleines Herz.

„Ein Herz! Das gibt's ja nicht. Der hat ein Herz gemalt!", rief Jakob nun. „Bist du verknallt in sie?"

Die anderen lachten laut. „Lennart ist verknallt."

Besonders Matze brüllte das immer wieder. Dabei überschlug sich seine Stimme. Fast

hörte es sich ein bisschen eifersüchtig an.
Vielleicht war auch Matze ein bisschen in
Martha verknallt. Und Jakob wahrscheinlich
auch. Und wie stand es um ihn selbst?
Eigentlich war es wirklich so, dass er Martha
verdammt gerne mochte.

Plötzlich und unerwartet riss Martha die
Augen auf.

„Hmmm?", machte sie irritiert und starrte
dann verwundert von einem zum anderen.
„Was glotzt ihr so?"

Einen Moment lang sagte niemand etwas.
„Guck dich doch mal im Spiegel an", platzte
Matze nun raus. Er konnte ja nie die Klappe
halten.

„Spiegel, wieso?", fragte Martha irritiert.
„Weil du so komisch …" Weiter kam Matze
nicht. Jemand hatte ihn kräftig in die Rippen
gepufft.

Aber Martha war unruhig geworden. „Wo
habt ihr denn … Ich geh mal auf die Toilette."
Sie wankte zu dem kleinen Badezimmer
hinüber, das sich neben dem Partykeller
befand. Dabei ließ sie die Tür auf. Die anderen sahen mit einer Mischung aus Schaden-
freude und schlechtem Gewissen zu, wie

Martha sich im Spiegel betrachtete.

„Was ist das denn … oh nein!" Sie schrie laut.

„Was habt ihr gemacht?" Sie rieb an den
schwarzen Bildern. Sie verwischten ein bisschen. „Spinnt ihr? Ihr habt sie ja wohl nicht
mehr alle! Wie kriege ich das denn wieder
weg?"

Martha schien richtig in Panik zu geraten.
Wie eine Verrückte rubbelte sie an ihren
Wangen herum, bis sie ganz rot waren. Dabei
liefen Tränen aus ihren Augen. „So kann ich
doch nicht nach Hause gehen. Wenn meine
Eltern …"

Sie brach ab, drehte sich ruckartig zur Toilette
um und steckte ihren Kopf in die Kloschüssel.
Lennart hörte deutlich, wie sie sich übergeben musste.

5

L ennart half Martha, die Filzstiftkrickeleien
so gut es ging wieder abzuwaschen.
Zuerst versuchten sie es mit Seife, schließlich
mit Badreiniger. Marthas Gesicht war vom
vielen Reiben ganz rot geworden. Aber die
schlimmsten Schmierereien waren verschwunden. Nur von dem Wort „TOT" war
noch das letzte T ein bisschen zu sehen, und
auch das kleine Herz hing immer noch im
Augenwinkel.

Martha war mittlerweile richtig aufgelöst.

„Ich will nach Hause", schniefte sie.

Jakob sah Lennart fragend an.

„Bringst du sie? Ich glaube, sie hat ziemlich
viel getrunken", flüsterte er leise.

„Mache ich."

Lennart war selbst ziemlich wackelig auf den
Beinen. Trotzdem hakte er Martha unter.

„Komm. Wir gehen. Der Bus kommt in zehn
Minuten."

Sie wankten von der Toilette an dem Kellerraum vorbei zum Ausgang. Lennart warf
einen Blick in den Raum. Es wäre schön

gewesen, wenn ihm jemand geholfen hätte, Martha nach Hause zu bringen. Allein mit ihr unterwegs zu sein, war eine ziemlich große Verantwortung. Aber die anderen dachten nicht daran. Sie hatten sich längst wieder auf die Sofas gesetzt. Tranken, rauchten und redeten.

Lennart suchte Marthas Jacke aus dem Durcheinander der Anoraks heraus. Dann half er ihr, sie überzuziehen. Danach verließen sie die Party durch den Kellerausgang.

Martha war wirklich noch ziemlich betrunken. Im Zickzackkurs steuerte sie direkt auf die Straße zu. Lennart hatte Mühe, sie auf dem Bürgersteig zu halten.

„Himmel, bin ich besoffen." Martha hickste.

„Danke, dass du mich bringst, Lenne. Ich glaube, ich schaffe das nicht allein."

Lennart bemühte sich, locker zu wirken. Martha war eigentlich so ein zartes Mädchen. Aber betrunken war sie unglaublich schwer.

Endlich waren sie an der Bushaltestelle angekommen. Mit einem Plumps ließ sich Martha auf die Bank fallen und schloss die Augen. Einen Augenblick später fuhr der Bus in die Haltebucht.

„Martha, der Bus ist da!", rief Lennart und rüttelte an ihrer Schulter. Dann packte er sie unter die Arme und richtete sie auf.

„Geht's schon wieder los?", stöhnte sie und stolperte auf den Bus zu.

Der Fahrer hatte die Tür geöffnet. Genervt starrte er auf die betrunkenen Fahrgäste.

„Mein Gott!", stöhnte er. „Kotzt mir bloß nicht den Bus voll."

Lennart zog Martha an dem Fahrer vorbei und sie zeigte ihm ihre Monatskarte.

„Hier. Frisch von Juni!", sagte sie und kicherte dabei wie ein kleines Kind.

Lennart schleppte sie bis in die erste Reihe und ließ sie dort fallen. Dann zog auch er seine Fahrkarte heraus. In dem Moment fuhr der Bus an. Lennart torkelte vorwärts, hielt sich dann an einer Stange fest. Der Busfahrer bremste kurz.

„Schon klar. Setz dich hin!", raunzte er ihn an. Lennart sah nun die Blicke der anderen auf sich gerichtet. Verächtlich sahen sie ihn an. Blickten dann wieder aus dem Fenster.

Zwei Frauen steckten ihre Köpfe zusammen. Lennart konnte sich denken, dass sie über ihn lästerten.

Martha kuschelte sich an ihn. Sie legte ihren Kopf gegen seine Schulter und schlief ein.

Lennart war gerührt, dass Martha sich so an ihn kuschelte. Beschützend legte er seinen Arm um sie. Da drückte sie sich noch näher an ihn.

Sie fuhren an Lennarts Haus vorbei. Lennart sah, dass die Außenbeleuchtung angeschaltet war. Die Eltern schienen schon auf ihn zu warten. Eigentlich wäre er gerne hier ausgestiegen. Aber das konnte er Martha nicht antun. Das war wohl der Vorteil des Betrunkenseins. Man konnte einfach die ganze Verantwortung auf jemand anderen abwälzen. Es waren noch zwei Haltestellen zu fahren.

„Martha", sagte Lennart leise. „Wir sind gleich da."

Martha gab keinen Laut von sich. Lennart rüttelte sie nun kräftiger. Zerrte schließlich an ihr. Sie machte keine Anstalten, die Augen zu öffnen. Himmel, wie sollte das weitergehen? Wie sollte er sie aus dem Bus bekommen? Er wusste ja nicht einmal genau, wo sie wohnte. Nun kam nur noch eine Haltestelle. Lennart schlug Martha vorsichtig ins Gesicht, rüttelte wieder und wieder an ihr. Aussichtslos. Viel-

leicht war sie ohnmächtig. Vielleicht hatte
sie sich tatsächlich ins Koma gesoffen.
Lennart bekam es mit der Angst zu tun.
Panisch griff er in Marthas Jackentasche
und zog ihr Handy heraus. Unter „Kontakte"
fand er eine Nummer, die unter dem Begriff
„Zuhause" abgespeichert war. Er drückte auf
Anruf, hörte dann mit klopfendem Herzen
auf das Freizeichen.
„Ja?", hörte er dann eine Frauenstimme.
Sie klang müde und unfreundlich.
„Martha ist betrunken", rief er ins Handy.
„Ich kriege sie nicht aus dem Bus."
„Was? Wer bist du? Was ist mit Martha?",
erwiderte die Stimme erschrocken.
„Wir sind an der Haltestelle", antwortete
Lennart. Dann legte er auf.
Martha schien zu spüren, dass etwas nicht in
Ordnung war. Sie gab ein Stöhnen von sich.
Dann öffnete sie ein Auge.
„Was?"
Lennart war froh, dass sie reden konnte.
„Du musst jetzt aussteigen. Wir sind da",
meinte er. Doch da hatte Martha die Augen
schon wieder geschlossen.
„Ich muss hier raus", rief er dem Busfahrer zu.

Dann zerrte er wieder an Martha.

Der Busfahrer blickte in den Rückspiegel.

„Geht's?", fragte er genervt.

„Ich weiß nicht."

Lennart griff Martha unter die Arme. Ihre Beine knickten unter ihr weg. Beinahe wären beide gefallen. Ein Fahrgast sprang hinzu und fasste Martha an der anderen Seite. Zusammen trugen sie Martha aus dem Bus.

„Oh mein Gott. Dass ihr euch derartig besaufen müsst", fluchte der Mann. „Wie willst du sie denn nach Hause kriegen?"

Lennart war den Tränen nahe. Er wusste doch selbst nicht, wie es weitergehen sollte. Der Mann hatte keine Lust, sich weiter um ihn zu kümmern. Auch die anderen Mitfahrenden starrten zwar neugierig aus dem Fenster, aber niemand half. Selber schuld, dachten sie wohl alle. Der Mann stieg wieder ein. Die Tür schloss sich und der Bus setzte seine Fahrt fort.

Lennart schleppte Martha zum Bushäuschen hinüber und setzte sie dort auf die Bank.

„Martha!", hörte er nun eine Stimme. Dann kamen zwei Erwachsene die Straße entlang gelaufen. Das waren bestimmt Marthas

Eltern. Lennart fiel ein Stein vom Herzen. Gleichzeitig wusste er, dass er jetzt ein Donnerwetter zu hören bekommen würde. Und tatsächlich!

„So eine Verantwortungslosigkeit!", brüllte die Mutter.

„Das hast du nur gemacht, damit du sie rumkriegst!", tobte der Vater. Sie sagten all diese Sachen, die Eltern so redeten, wenn sie nicht wahrhaben wollten, dass ihr Kind selbst etwas verschuldet hatte. Lennart wehrte sich nicht.

Die könnten eigentlich mal danke sagen, dachte er, aber er sagte es nicht.

Als die Eltern mit Martha unter dem Arm davongingen, wechselte Lennart die Straßenseite. Er setzte sich ins Bushäuschen und wartete auf den Bus nach Hause.

Lennarts Eltern lagen schon im Bett, als er das Haus betrat. Jetzt musste er sich nur noch zurückmelden. Und zwar so, dass sie nicht bemerkten, wie betrunken er war.

„Ich bin wieder da", übte er leise im Badezimmer. „Hallo. Ich bin wieder da."

Ob das normal klang? Oder hatte seine Stimme einen schleppenden Klang?

Vorsichtig öffnete Lennart die Schlafzimmertür seiner Eltern.

„Ich bin wieder da", sagte er mit seiner ganz normalen Alltagsstimme.

„Ist gut", murmelte seine Mutter verschlafen. Leise schloss Lennart die Tür wieder. Gott sei Dank. Sie hatten nichts gemerkt.

Schnell ging er nun den Flur entlang. Drei Treppenstufen führten zu seinem Zimmer hinunter. Die nahm er locker …

„Peng" machte es plötzlich. Dann krachte er die Stufen hinunter und schlug mit dem Kopf gegen seine Zimmertür. Das ging so schnell, dass er nicht einmal sagen konnte, wie das eigentlich passiert war.

„Lennart? Ist was passiert?"

Oh nein! Nun hatte er auch noch seine Eltern geweckt. Da standen sie auch schon bei ihm. Der Vater versuchte, ihn aufzurichten.

„Hast du getrunken?", fragte er.

„Quatsch", erwiderte Lennart.

Doch da hatte die Mutter schon das Licht angeschaltet und blickte voller Sorgen in sein Gesicht.

„Himmel, Udo, er ist total betrunken", rief sie.
Jetzt tauchte auch Franziska auf dem Flur
auf. Sie hatte ihren kleinen Teddy im Arm.
„Was ist mit Lennart?", fragte sie verschlafen.
„Franzi, geh wieder ins Bett!", ordnete die
Mutter streng an. „Und du, Lennart, schläfst
deinen Rausch aus. Morgen reden wir ein
paar Takte miteinander!"
„Nerv nicht rum!", murmelte Lennart. Er
öffnete die Zimmertür und stolperte auf sein
Bett zu. Mit letzter Kraft schüttelte er die
Schuhe ab. Dann zog er die Decke über
seinen Körper.
Er war so froh, endlich zu Hause zu sein.

Es war spät am Vormittag, als Lennart in
der Küche auftauchte. Zum Frühstücken hatte
er überhaupt keinen Bock. Schon als er die
Nutella auf dem Tisch stehen sah, wurde ihm
schlecht. Sein Kopf schien fast zu platzen.
Er atmete tief ein und aus. Wenn er sich jetzt
übergeben müsste, würden seine Eltern
wahrscheinlich total ausrasten.
Aber auch so würden sie ihn mit Vorwürfen
überhäufen.

„Elf Uhr", begrüßte ihn seine Mutter, statt guten Morgen zu sagen wie sonst. Sie war gerade dabei, die Blumen umzutopfen. Der Vater stand am Küchentisch und schnitt Kräuter für einen Salat.

„Egal. Ist doch Wochenende", knurrte Lennart. Er hatte gute Erfahrungen damit gemacht, schlecht gelaunt herumzuknurren. Dann ließen ihn die Eltern bald in Ruhe.

„Wo bist du gewesen?", fragte die Mutter.

„Bei Jakob", giftete Lennart jetzt. „Hab euch doch schon von ihm erzählt."

„Trefft ihr euch da jetzt immer?", bohrte die Mutter weiter. „Gibt es da Alkohol? Das kann ja wohl nicht sein. Was sagen denn seine Eltern dazu?"

„Mama, du nervst!", stöhnte Lennart. „Wir hatten eine kleine Feier. Nichts weiter."

„Mit Alkohol?"

„Oh Mann, klar haben wir ein bisschen was getrunken", wehrte sich Lennart jetzt. „Du trinkst doch auch mal einen Wein. Und Papa trinkt sogar fast jeden Abend ein Bier. Mach doch nicht so 'ne Welle."

„Ach Christina, lass doch", mischte sich der Vater ein. „Das haben wir doch auch alles hinter uns. Das gehört nun mal zur Pubertät dazu. Weißt du noch, wie du mal auf einer Party … wie alt warst du da? Keine 16, oder …?"

Die Mutter sah aus, als würde sie gleich vor Wut platzen.

„Ich war 21", zischte sie. „Und ich verstehe nicht, warum du damit jetzt ankommst. Wir beide sollten uns doch einig sein …"

Lennart griff sofort nach dem Strohhalm, der sich ihm bot.

„Erzähl mal, Papa", bohrte er nach.

„War Mama da hackevoll, oder was?"

Der Vater lachte.

„Die hatte einen Drink genommen. Irgendwas mit Eierlikör und Sekt oder was war das noch, Christina?"

Die Mutter füllte neue Blumenerde in einen Topf. An jedem Handgriff war zu erkennen, dass sie vor Wut kochte.

„Ja, das hörst du nicht gerne, was?", lachte der Vater. „Irgendwann muss man seine Erfahrungen mit Alkohol machen. Davor kannst du auch Lennart nicht schützen, Christina."

Die Mutter antwortete nicht. Sie nahm die Tüte mit Blumenerde und verließ ohne ein

Wort die Küche. Dabei knallte sie die Tür laut hinter sich zu.

Jetzt schien auch der Vater unsicher zu werden, ob sein Verhalten besonders klug gewesen war.

„Naja, du hast ja gemerkt, wie Alkohol wirkt, oder?", fügte er hinzu. „Also, halte diese Sauferei in Grenzen, kapiert? Und vielleicht solltest du dir einen anderen Freundeskreis suchen. Machst du nichts mehr mit Fabian? Das war doch immer dein bester Freund."

„Doch klar mache ich was mit dem", erwiderte Lennart schnell. „Wir wollen bald mal wieder einen Cache heben."

„Geocaching. Toll. Das wollte ich auch immer mal machen", nickte der Vater erfreut.

Das war es also. Gott sei Dank. Das hatte sich Lennart irgendwie schlimmer vorgestellt. Er trank eine halbe Flasche Mineralwasser. Dann ging er in sein Zimmer zurück.

D as ganze Wochenende hing Lennart
allein zu Hause ab. Martha meldete
sich nicht bei ihm. Sie kam auch in den
nächsten Tagen nicht zur Schule.
Am Montag traf er sich mit Florian zum Geocaching. Sie machten sich auf die Suche
nach einem Cache, der irgendwo im Wald
versteckt sein sollte. Ein paar Döschen fanden sie tatsächlich, aber irgendwie gelang
es ihnen nicht, das Rätsel zu entziffern und
die nächsten Koordinaten zu berechnen.
Lennart war sowieso nicht richtig dabei.
Am Freitag war wieder Bandprobe. Lennart
schwänzte erneut und nutzte den Nachmittag,
um bei Jakob vorbeizuschauen. Martha war
leider nicht bei ihnen.
„Heute ist Fete im ‚Westend'", fiel Jakob
plötzlich ein. „Wollen wir da hin?"
„Geile Idee", rief Matze begeistert und begann
gleich wieder, durch den Raum zu segeln.
„I am sailing …"
Lennart tanzte hinter ihm her. „I, I follow, I
follow you, deep sea baby", trällerte er dabei.

Die anderen lachten. Alle hatten Lust, ein bisschen rauszugehen.

„Ein bisschen vorglühen sollten wir aber schon", schlug Jakob vor. „Dann ist die Stimmung gleich besser."

Sie tranken ein Glas Cola Rum. Dann ging es los. Um ins Jugendzentrum „Westend" zu kommen, mussten sie ein paar Stationen mit dem Bus fahren. Zusammen und mit ein bisschen Alkohol in den Adern war das richtig lustig.

Im „Westend" war tote Hose. Die Musik dröhnte, die Scheinwerfer wechselten das Licht. Alles sollte zum Tanzen animieren. Doch die Mädchen standen an der Tanzfläche und redeten, die Jungs hatten sich zur Theke gedreht und hielten sich an einer Cola fest.

Als Jakob, Matze, Lennart und die anderen in den großen Raum traten, drehten sich alle zu ihnen um. Endlich passierte mal was.

Matze stolperte sofort auf ein Mädchen zu. „Komm, tanzen!", rief er und hüpfte auf die Tanzfläche. Das Mädchen schüttelte den Kopf.

Aber Matze ließ sich nicht aufhalten. Er fragte ein anderes Mädchen und dann noch eines, bis er schließlich jemanden gefunden hatte, der mit ihm tanzte.

Auch Jakob ging nun auf zwei Mädchen zu, redete mit ihnen und zog schließlich die eine auf die Tanzfläche. Das andere sah ziemlich enttäuscht aus.

„Tanzt du mal mit mir?", fragte Lennart nun. Er war selbst erstaunt, dass er so etwas fragte. Der Alkohol half schon dabei, mutig zu werden.

Es wurde ein richtig lustiger Abend mit Tanz, Gelächter und belanglosem Reden. Und bei der ausgelassenen Stimmung musste Lennart auch fast gar nicht mehr an Martha denken.

Auch am nächsten Tag trafen sie sich direkt vor dem „Westend" und diesmal war auch Martha dabei. Lennart war total froh darüber. Diesmal gab es keine Disco. Dafür hatte die Cafébar geöffnet. Lennart, Jakob, Matze, Martha und Saskia setzten sich um einen der großen Tische und bestellten Kaffee. Kaum standen die Tassen auf dem Tisch, öffnete Jakob seine Jacke. Eine kleine

Flasche wurde in der Innentasche sichtbar.

„Mag jemand was?", fragte Jakob.

„Klar", rief Matze begeistert und streckte ihm die Tasse entgegen.

Lennart bekam nun doch ein schlechtes Gewissen. Alkohol im Jugendzentrum war streng verboten. Außerdem musste er zugeben, dass ihm beim Gedanken an Rum richtig schlecht wurde.

Jakob hatte keinen Stress mit dem Alkoholverbot. Grinsend goss er einen Schluck aus seiner Flasche in Matzes Tasse. Plötzlich tauchte ein Mann hinter Jakob auf. Lennart sah ihn als Erster.

„Jakob, pass auf, hinter dir …", begann er.

Jakob zuckte zusammen. Er drehte sich um und versuchte gleichzeitig, die Flasche in der Jackentasche verschwinden zu lassen.

„Darf ich mal?", fragte der Typ. Und ehe Jakob eine Antwort geben konnte, hatte er ihm schon die Flasche aus der Hand genommen. Er roch dran und verzog dann sein Gesicht.

„Macht, dass ihr rauskommt!", zischte er und seine Stimme klang scharf.

„Wieso?", versuchte Matze noch, zu diskutieren.

Es hatte keinen Zweck, zu verhandeln. Alle wussten genau, dass Alkohol im Jugendzentrum streng verboten war.

„Ist sowieso öde hier", meinte Jakob so gelassen wie möglich.

Lennart sah das Mädchen am Nachbartisch sitzen, mit dem er einen Tag vorher getanzt hatte. Sie sah enttäuscht aus. Auch die anderen sahen verächtlich zu ihnen hinüber.

„Schönen Tag noch!", meinte Lennart. Dann machten sie sich schnell aus dem Staub. Doch auch wenn Lennart einen auf lässig machte, die Sache nervte ihn. Alkohol im Jugendzentrum war wirklich eine schlechte Idee. Überhaupt hatte die Clique manchmal Einfälle, die voll daneben waren. Da schämte sich Lennart schon ein bisschen, dazuzugehören.

In der nächsten Woche beschloss Lennart, wieder zur Bandprobe zu gehen. In der Pausenhalle begegnete er Selda. Sie sah ihn überrascht an.

„Was machst du denn hier?"

„Ich wollte mal wieder mitmachen", erwiderte Lennart.

„Fällt dir ziemlich spät ein", meinte Selda und zog die Augenbrauen hoch.

Lennart wunderte sich über diesen komischen Spruch. Doch als er den Bühnenraum betrat, kapierte er, warum sie das gesagt hatte.

Es stand nämlich ein anderer Typ mit einer Gitarre auf der Bühne, genau an dem Platz, an dem Lennart immer gestanden hatte.

„Lennart?", sagte nun Herr Weiß erstaunt und kam auf ihn zu. „Mit dir hatten wir ja nun gar nicht mehr gerechnet."

Lennart starrte den Neuen auf der Bühne an. Eine heiße Welle flutete durch seinen Körper. Sie hatten sich jemand anderen gesucht.

„Du kannst gerne wieder mitmachen", meinte Herr Weiß und seine Stimme klang freundlich und klar. „Gute Gitarristen kann man immer gebrauchen. Aber du musst versprechen, dass du regelmäßig zum Üben kommst."

Lennart war immer noch wie erstarrt. Damit hatte er im Leben nicht gerechnet. Er versuchte, cool rüberzukommen. Wäre jetzt ungünstig, wenn die anderen gemerkt hätten, wie enttäuscht er war.

„Ich überleg's mir", sagte er noch. Und dann trottete er wieder zum Schulausgang zurück.

Den Nachmittag verbrachte er schließlich doch bei Jakob. Und diesmal hatte er wirklich einen Grund, zu trinken.

Dann kam der Samstag. Schützenfest stand in der Stadt an. Lennart traf vier seiner Freunde an der kleinen Mauer, die den Schützenplatz umgab.

Er freute sich, sich mal draußen mit den anderen zu treffen. Man konnte die Leute beobachten und sich beim Umzug über sie lustig machen.

Als Lennart klein war, hatte er gerne beim Schützenumzug zugeschaut. Sein Vater war im Schützenverein und hatte ihm immer zugewinkt, wenn sie an ihm vorbeimarschiert waren. Jetzt hatte sich Lennarts Ansicht geändert. Schützen waren absolute Lachnummern. Aber etwas anderes hatte das Städtchen eben nicht zu bieten.

„He, du bist doch der Sohn von Udo!", rief ein Schütze und kam auf Lennart zu. „Marschiert dein Vater auch mit?"

„Er müsste eigentlich dabei sein", meinte Lennart.

Der Mann nickte, schüttete dann ein Bier
in sich rein.

„Willst du auch was trinken?", wollte er
dann wissen.

Lennart nickte. „Gerne."

„Wir auch!", rief Matze.

Der Typ grinste und kam mit vier Bieren
zurück. Nun spazierte auch Martha über
den Schützenplatz. „Hier seid ihr!", freute sie
sich. Sie setzte sich so dicht neben Lennart,
dass er Herzklopfen bekam.

„Kann ich mal einen Schluck von deinem
Bier haben?", fragte sie.

„Du kannst auch ein eigenes kriegen", rief der
Typ und gab auch Martha eins aus. Gemeinsam schauten sie nun den Schützenumzug
an. Die Männer waren wirklich eine Lach-
nummer mit diesen Anzügen und den Orden.
Und die Frauen mit ihren Hochglanzkleidern
erst!

Eigentlich gab es niemanden, über den oder
die die Clique keinen Spruch machte.

Das Tolle an dem Tag war, dass sie sich
überhaupt keine Sorgen um den Alkohol
machen mussten. Alle kriegten mehrere Biere
ausgegeben. Zuletzt kam Lennarts Vater

noch auf sie zu, gut gelaunt und ziemlich angesäuselt. Er drückte Lennart einen Zwanziger in die Hand.

„Macht euch mal einen lustigen Abend", meinte er.

Das ließen sie sich nicht 2-mal sagen. Bier kriegte man an diesem Tag auch ohne Ausweis. Und später ging sogar einer der Schützen mit einer Schnapsflasche und kleinen Gläschen herum.

Martha drehte sich zu Lennart um und stieß mit ihm an.

„Prost", sagte sie dann, beugte sich zu ihm hinüber und küsste ihn vorsichtig auf die Wange. Lennarts Herz setzte für ein paar Schläge aus. Lennart sah Martha an.

„Darf ich dich auch mal küssen?", fragte er.

„Aber nur auf die Wange", lachte sie.

Und das tat er auf der Stelle.

An diesem Abend waren sie alle gut drauf.

Als Lennart schließlich weit nach Mitternacht nach Hause ging, wankte er zwischen seinen Eltern hin und her. Aber das war überhaupt nicht schlimm. Die waren schließlich auch betrunken.

„Wir treffen uns heute im Steinbruch. Kommst du auch?", lautete die Nachricht, die Lennart von Martha kriegte. Sein Herz machte vor Freude einen kleinen Satz. In der letzten Zeit war Martha nur noch selten bei Jakob gewesen. Und so wurden auch Lennarts Besuche bei ihm weniger. Was sollte er in dieser Clique, wenn Martha nicht da war? Aber dieses Wochenende versprach, endlich mal wieder spannend zu werden. Lennart lächelte. Vielleicht sollte er die Clique mit einer Flasche Alk überraschen. Das kam immer gut an.

Lennart schlich sich in den Keller und zog eine Flasche Kirschlikör aus dem Regal. Seine Eltern kriegten oft irgendwelche alkoholischen Getränke geschenkt und eigentlich tranken sie so etwas eher selten. Sie würden garantiert nicht merken, wenn eine Flasche fehlte.

„Mama? Ich treffe mich noch mit ein paar Freunden, okay? Wir sind am Steinbruch, 'n bisschen grillen und so." Lennart versuchte, sein harmlosestes Gesicht aufzusetzen.

Aber seine Mutter war sofort aufmerksam.

„Wieder mit diesem Jakob oder wie der heißt?"

„Nee." Lennart wusste, dass er jetzt besser lügen sollte. Jakob war der Mutter schon ein Begriff für Alkohol und Rumhängen geworden. „Mit Fabian und Martha und so. Fabian kennst du ja."

Natürlich kannte die Mutter Fabian und sie mochte ihn auch sehr gerne. Also war das Treffen kein Problem.

„Aber um zehn bist du zurück, klar?"

„Zehn Uhr. Na klar", meinte Lennart.

Er flitzte in sein Zimmer und verstaute den Alkohol in seinem Rucksack.

Dann holte er sein Fahrrad aus dem Keller und düste los.

Die Clique empfing ihn mit großem Hallo.

„Das gibt's doch nicht. Lennart ist wieder da!" Matze klang noch halbwegs nüchtern.

„Mensch, Lenne!" Jakob schlug ihm auf den Rücken. „Wir haben dich schon vermisst. Wo warst du so lange, Alter?"

„Schule und so", winkte Lennart ab und öffnete seinen Rucksack. „Ich habe uns sogar was Feines mitgebracht!" Und er zog die Flasche Likör heraus.

Matze war voll aus dem Häuschen. „Noch 'ne Flasche? Ich werd wahnsinnig. Jetzt haben wir schon zwei. Fabian hat auch die Bar seiner Eltern geplündert." Matze zeigte auf eine Flasche Wodka. „Hier. Das ist ein ganz hartes Zeug."

„Fabian? Welcher Fabian?", fragte Lennart irritiert und sah sich um.

Da sah er tatsächlich seinen Freund auf einem Felsen sitzen. Und neben ihm – Martha. Sie schienen in eine Unterhaltung vertieft. Und doch tat das so weh, dass Lennart für einen Moment nach Luft schnappen musste. Langsam ging er zu den beiden hinüber.

„Fabian, du hier?"

Fabian lachte und sprang auf. „Lennart! Mann, das ist ja 'ne Überraschung!"

„Die Überraschung bist eigentlich du", erwiderte Lennart. „Ich bin schon oft hier gewesen."

„In der letzten Woche aber nicht", bemerkte Fabian erstaunt. Und dann sagte er so ganz

beiläufig: „Martha hat mich mitgenommen.
Wir wohnen ja fast nebeneinander."

Warum tat das nur so weh? Lennart hatte das
Gefühl, wo immer er war, wurde er von einem
anderen verdrängt: Er ging ein paarmal nicht
zur Bandprobe und schon war ein Neuer auf
seinem Platz. Er ging einige Male nicht zur
Clique und schon saß Fabian neben Martha.

„Setz dich, Alter!", ordnete Jakob an. Sie
ließen sich in einem Kreis nieder, den sie aus
Steinen gebaut hatten. Lennart setzte sich
an Marthas andere Seite.

„Das müssen wir erst mal begießen", schlug
Jakob vor und reichte ein paar kleine Plastik-
becher herum. „Heute gibt es sogar ‚Gläser'".
Er schenkte allen ein.

„Also dann!" Er hob sein Glas. „Prost."
Lennart spülte den Wodka mit einem Schluck
hinunter. Dann schaute er zu Fabian hinüber.
Der prustete und hatte einen roten Kopf.
Offenbar war der gar nichts gewohnt.

„Puh, das ist echt ein Teufelszeug", meinte er.

„Ja, daran muss man gewöhnt sein", ent-
gegnete Lennart großspurig.

Fabian lachte. „Das musst du gerade sagen.
Du trinkst doch in der Pause immer noch

deinen Kakao und isst Nutellabrötchen."

Das machte Lennart so richtig sauer.

„Aber du, was?", rief er empört. „Du weißt doch noch nicht mal, wie man Alkohol schreibt!"

„Trinken kann ich ihn aber", grinste Fabian.

Lennart schielte zu Martha hinüber. Sie verfolgte das Gespräch scheinbar interessiert.

„Hab ich dir eigentlich gesagt, dass du mich ganz schön nervst?", fing nun Fabian schon wieder an. „Früher warst du echt mein bester Freund. Aber in der letzten Zeit hast du mich richtig hängen lassen. Du bist der mieseste Verräter, den man sich denken kann."

Die anderen lachten.

Lennart traute seinen Ohren kaum. Was war denn in Fabian gefahren?

„He, sag mal, wie redest du eigentlich mit mir?", machte er ihn an. Er schubst ihn so sehr, dass er beinahe vom Stein geflogen wäre. Sofort schlug Fabian zurück.

„Hört auf, auszuticken!", mischte sich Jakob ein. „Hier werden Konflikte auf andere Weise gelöst."

Und dabei ahmte er eindeutig den Tonfall ihres Klassenlehrers nach.

„Und wie?", fragte Fabian verwirrt.

„Mit Sprit", lachte Matze. „Auf ex. Wer am meisten verträgt, hat gewonnen."

Jetzt lachten alle. Lennart warf Fabian einen Blick zu. Täuschte er sich oder war tatsächlich ein ängstlicher Zug in Fabians Gesicht getreten?

„Also gut! Trinken wir um die Wette? Oder hast du Schiss?", forderte ihn Lennart auf.

„Quatsch!", winkte Fabian ab und sah nun noch ängstlicher aus.

„Also dann los. Worauf warten wir?", provozierte ihn Lennart weiter.

„Das ist doch ein blödes Spiel", schaltete sich nun Martha ein. „Was soll das bringen? Ihr sauft euch tot und für uns ist kein Alk mehr da. Das macht ja wohl keinen Sinn."

„Lass sie mal", winkte nun Jakob ab. Er freute sich offenbar, dass endlich mal wieder etwas Aufregendes passierte.

Fabian schien mit sich zu ringen. Es war ihm anzusehen, dass er den Wettbewerb nicht mitmachen wollte.

„Jetzt machst du dir doch in die Hosen, was?", grinste Lennart. Er freute sich, dass er den Angeber endlich zusammengefaltet hatte.

Fabian schien sich einen Ruck zu geben.

„Quatsch!", tönte er nun. „Ich mach mit!"

Er griff nach zwei Pappbechern und der Flasche.

„Wartet!" Nun sprang Jakob auf. „Ich bin Schiedsrichter. Ich gieße euch ein. Und du, Matze, schreibst auf, ja?"

Matze lachte laut. Dann griff er einen Ast und malte ein großes Kästchen auf den Boden. Auf die eine Seite schrieb er ein L für Lennart, auf die andere ein F für Fabian.

„Es kann losgehen", kicherte er. Und dann trank er selbst erst mal einen Schluck.

Nun bildeten die anderen einen Halbkreis um Fabian und Lennart.

Auch Martha hatte sich dazugestellt. Sie stand dicht neben Lennart. Er konnte ihre Nähe geradezu fühlen.

„Wir fangen erst mal klein an!", schlug Jakob vor. Er goss Lennart und Fabian je einen kleinen Schluck in die Pappbecher.

„Auf drei!", sagte Lennart und prostete Fabian zu. Der nickte zurück.

„Eins, zwei, drei!", zählte Matze.

Lennart goss die Flüssigkeit mit einem Schluck in die Kehle. Himmel. Das brannte wie Feuer. Er schüttelte sich. Die anderen lachten.

Fabian blieb ganz cool.

„Du musst das nicht trinken, wenn du nicht magst", sagte er.

Aber auch seine Stimme hörte sich kratzig an.

„Na, das war ja nur zum Warmwerden!", trötete Lennart.

„Also dann, auf ein Neues!", schlug Matze vor. „Und gebt mir die Flasche noch mal her."

Jakob winkte ab.

„Erst die beiden hier. Dann kriegst du das, was übrig bleibt."

Der zweite Schluck brannte immer noch wie Feuer. Der dritte auch noch.

Aber dann hatte sich Lennart fast daran gewöhnt. Ein kurzes Nicken. Fabian zuprosten. Dann runter damit.

Man durfte nur nicht nachdenken. Oder versuchen, ein paar Schritte zu gehen.

„Es steht 8 : 8!", rief Martha nun. „Hört jetzt auf damit! Ihr habt beide gewonnen." Sie klatschte in die Hände. Aber der Rest der Clique war anderer Meinung.

„Es fängt doch gerade erst an", meinte Jakob.
„Oder könnt ihr nicht mehr?"

Lennart war furchtbar schlecht. Am liebsten
hätte er sich übergeben.

„Ich … mache auf alle Fälle … auf alle Fälle
…", rief Fabian. Er suchte nach dem richtigen
Wort. Plötzlich war zu sehen, wie betrunken
er war.

„… weiter?", fragte Jakob.

Fabian nickte.

„Also los!" Jakob goss erneut ein und reichte
beiden den Becher.

Fabian goss sich das Zeug sofort in den
Mund und schluckte es hinunter. Dann winkte
er mit dem Arm. Das sah irgendwie seltsam
aus. Und dann, ganz plötzlich, knickte er
zusammen. Er fiel so lautlos und schnell,
dass keiner reagieren konnte. Mit dem Kopf
knallte er dabei gegen einen Stein.

„Autsch!", sagte Matze. Aber niemand
lachte über diesen überflüssigen Kom-
mentar.

Fabian lag auf dem Boden des Steinbruchs
und rührte sich nicht mehr. Sein Gesicht
war weiß wie Schnee. Blut lief aus seiner
Platzwunde am Kopf.

Die anderen waren unfähig, sich zu bewegen.

„Ob der tot ist?", flüsterte Jakob.

Er beugte sich über Fabian und horchte.

„Ich glaube, der atmet nicht mehr."

„Ich hau ab!", lallte Lennart. „Mir ist sosieso

… sosieso … jedenfalls ist mir schlecht."

Aber er war nicht in der Lage, einen Schritt

zu machen. Um ihn herum drehte sich alles.

Nun kam Leben in Martha.

„Du bleibst hier, verdammt noch mal!", schrie

sie. „Keiner haut ab. So feige sind wir nicht.

Los, Jakob! Ruf einen Krankenwagen!

Schnell!"

Wie gut, dass es jemanden gab, der den

Überblick hatte.

Jakob telefonierte.

„Hallo, Jakob Kranenburg ist mein Name.

Wir haben hier einen … einen Verletzten.

Zu viel Alkohol. Nein, nicht ansprechbar."

Jakob blickte auf Fabian hinunter. „Ja, am

Steinbruch. Oben auf dem Rosenberg."

Lennart schleppte sich zum Felsen hinüber.

Ihm war so wahnsinnig schlecht. Er wünschte

sich, kotzen zu können. Aber es klappte nicht.

Er musste hier weg. Er wusste, das würde

einen riesigen Ärger geben.

Langsam bückte er sich. Ließ sich dann auf alle viere fallen und kroch in die Büsche. Weiter und immer weiter. Wie ein sterbendes Tier.

Lennart hörte von fern die Sirene des Krankenwagens. Und noch eine Sirene. Sicherlich kam auch noch die Polizei.
Dann würden sie ihn zur Rede stellen. Es gab keine Ausrede für ihn. Er hatte Fabian zum Trinken aufgefordert. Das würde den totalen Ärger geben.
Und was, wenn Fabian nun tot war?
Lennart ließ sich auf den Boden sinken und atmete schwer. Er konnte nicht mehr weiterkriechen. Und zurück wollte er auch nicht. Vielleicht würde er hier unter den Büschen sterben. Dann brauchte man ihn im Grunde gar nicht mehr zu beerdigen.
Von weit weg drangen die Stimmen der anderen zu ihm durch. Männerstimmen, die etwas fragten. Dann Marthas Stimme. Sie sagte: „Wir können doch nichts dafür."
Autotüren wurden zugeknallt. Andere aufgeschoben. Noch eine Tür. Und noch mehr

Männerstimmen. Dann weinte jemand. Saskia
vielleicht.

Und jetzt riefen sie ihn.

„Lennart!"

Das war Martha. Ihre Stimme klang besorgt.

„Lennart!"

„Lennart!", rief auch Jakob.

„Lennart!", riefen nun auch die anderen.

Lennart vergrub seinen Kopf in den Armen.
Er würde hier unter den Büschen sterben
und das war im Grunde gar nicht so schlimm.
Die Stimmen kamen näher und obwohl
Lennart weder antwortete noch sich rührte,
waren sie plötzlich bei ihm. Zwei Sanitäter,
außerdem Martha und Jakob.

Der eine Mann fasste ihn an die Schulter.

„Alles okay?", fragte er.

Lennart nickte.

„Kannst du aufstehen?"

Wieder nickte Lennart. Aber er rührte sich
nicht.

Die Männer stellten ihn gemeinsam auf
die Beine und führten ihn aus den Büschen
heraus.

„Ich muss kotzen!", schrie Lennart plötzlich
und schlug um sich. „Lassen Sie mich los."

Die Männer gaben ihn frei, blieben aber immer noch neben ihm.

Lennart drehte sich um und dann musste er sich wirklich übergeben. Stundenlang, wie es ihm vorkam. Er hatte das Gefühl, seinen gesamten Mageninhalt, seine Eingeweide, seine Organe und Knochen aus dem Körper zu würgen.

Dann endlich war er fertig und fühlte sich ein klein bisschen besser.

„Ist mir schlecht!", murmelte Matze. „Ich kann das nicht mit ansehen, wenn einer kotzen muss."

„Dann solltet ihr besser nicht saufen!", fuhr ihn der eine Mann an. „Da darf man nämlich nicht zimperlich sein!"

Langsam kam Lennart zu den anderen zurück. Alle standen sie im Halbkreis um eine Polizistin. Sie fragte und schrieb. Ein anderer Polizist stand stumm dabei und schüttelte den Kopf. Saskia weinte immer noch.

Jakob und Martha sahen kreidebleich aus.

„Ist er tot?", fragte Lennart ängstlich.

„Quatsch nicht!", fuhr ihn Matze an. „Von so ein bisschen Alkohol stirbt man ja wohl nicht."

„Du bist ja wohl ein ganz Schlauer, was?",

schnauzte ihn die Polizistin an. „Vielleicht solltest du mal ein Praktikum beim Roten Kreuz machen. Dann siehst du mal, wie viele Menschen am Suff sterben. Entweder langsam und qualvoll über Jahre oder auch ganz plötzlich an einem Krampf oder Kreislaufversagen."

„Aber Fabian ist doch nicht tot, oder?" Lennart hatte so furchtbare Angst, dass er am ganzen Körper zitterte.

„Nein. Aber wenn man erst mal im Koma liegt, kann das auch noch kommen", blökte der Polizist ihn nun an.

Lennart schlug die Hände vor sein Gesicht. Er wollte nichts mehr hören und sehen. Um ihn drehte sich alles. Und ihm war wieder schlecht, so unglaublich schlecht, dass er glaubte, sterben zu müssen.

„So, jetzt bringen wir euch erst mal alle zu euren Eltern!", fuhr die Polizistin fort. „Die wissen wahrscheinlich gar nicht, was ihr so in eurer Freizeit macht."

Lennarts Mutter war kreideweiß geworden, als die Polizei ihn ins Haus brachte. Mit weit aufgerissenen Augen hörte sie sich an, was sie zu erzählen hatten. Dann kam auch sein Vater dazu und auch er war starr vor Schrecken.

„Das hast du jetzt von deiner Erziehung", schrie Frau Berger. „Aber du fandest es ja ganz normal, dass dein Sohn sich betrinkt." Es war schrecklich, sie so verzweifelt zu sehen. Und obwohl Lennart in seinem be-soffenen Kopf Mühe hatte, alles zu verstehen, sah er doch, wie traurig sie war. Verzweifelt ging Lennart zu Bett. Einmal schaute seine Mutter kurz in sein Zimmer.

„Wollen wir nicht besser ins Krankenhaus fahren?", fragte sie besorgt.

„Nein!", schrie Lennart kurz und laut und da ging sie dann auch sofort wieder.

Aber es wurde noch schlimmer.
Am nächsten Tag kamen Fabians Eltern

vorbei und die machten so ein schreckliches Theater, dass Lennart angst und bange wurde.

„Das wird ein Nachspiel haben!", schrie Herr Groß schon auf dem Flur. Dann packte er Lennart und schüttelte ihn. „Du kriegst eine Anzeige, darauf kannst du dich verlassen!" Er drehte sich zu Lennarts Mutter um. „Und dann soll das Jugendamt mal überprüfen, ob Sie überhaupt in der Lage sind, Ihre Kinder zu erziehen!"

„Das lasse ich mir nicht sagen!", regte sich sein Vater auf. Und seine Mutter begann, zu weinen.

Später, als Groß' weg waren, hagelte es Vorwürfe von den Eltern. Hausarrest drohten sie ihm an. Und dass er sich nie wieder mit dieser Clique treffen dürfte. Dass sie ihn kontrollieren würden und von jetzt an jede Fete gestrichen wäre.

Lennart sagte kein Wort dazu. Er konnte nicht einmal weinen. Er war an allem schuld, was geschehen war. Nur er allein. Wenn Fabian nun sterben würde, konnte er auch nicht weiterleben. Er konnte nicht und wollte nicht. Er war ein Monster. Hatte einen Freund in den Tod gesoffen. Einen, den er noch aus dem Kindergarten kannte.

Lennart ging in sein Zimmer, warf sich aufs Bett und zog sich die Decke über den Kopf.

Er wollte nichts mehr hören und sehen.

Wollte irgendwie nur noch tot sein.

Irgendwann musste er eingeschlafen sein.

Als er erwachte, war es draußen dunkel.

Lennart war schweißgebadet. Im ersten Moment fühlte er sich etwas besser, aber sobald er sich aufrichtete, ging das Mühlrad in seinem Kopf von Neuem los.

Schuld. Schuld. Schuld. Er allein war schuld. Hatte Fabian zum Trinken angestiftet. Und der war jetzt vielleicht tot. Gestorben mit 13 Jahren.

Bald würde es in allen Zeitungen stehen. Mit der Überschrift: „Kinder soffen sich zu Tode". Und dann ein Foto von ihm. Auf der ersten Seite.

Lennart versuchte, die Augen zu schließen und einzuschlafen, aber das Mühlrad in seinem Kopf drehte sich unbarmherzig weiter.

Nahm diese Nacht denn nie ein Ende?

Lennart zog sein Handy aus seiner Jeans und starrte auf die Uhranzeige. 2.45 Uhr.

Und jetzt sah er die Nachricht, die ihm Martha geschrieben hatte.

„Melde dich mal! Martha".

Lennart kroch unter die Decke und wählte ihre Nummer. Trotz der späten Uhrzeit war sie sofort dran.

„Hi Lennart. Wie geht es dir?"

Es war so wunderschön, ihre Stimme zu hören.

„Besser. Glaube ich. Weißt du, was mit Fabian ist?"

„Er ist nicht mehr auf der Intensiv, aber er wird noch überwacht. Er hat es mir geschrieben. Dabei dürfte er eigentlich gar kein Handy im Krankenzimmer haben."

Lennart war unglaublich erleichtert.

„Und wie geht es dir?", wollte Martha dann wissen.

„Beschissen. Total beschissen." Lennart bemühte sich, nicht zu weinen. Er räusperte sich. „Ich muss immer an Fabian denken. Wie er da gelegen hat. Mit all dem Blut."

„Wollen wir uns treffen?", fragte sie. Ihre Stimme klang warm und so liebevoll besorgt.

„Jetzt?" Lennart war total überrascht.

„Wenn du willst?"

Er spürte plötzlich eine große Sehnsucht, sie zu sehen.

„Gut", sagte Lennart bestimmt. „Ich komme."

„An der Schule. Hinten an den Blumenkästen. Okay?"

„Okay." Lennart drückte das Gespräch weg. Aber eigentlich war nichts okay. Er konnte doch nicht einfach abhauen. Er hatte seiner Mutter doch nun schon so viele Sorgen gemacht.

Doch die Sehnsucht nach Martha war größer. Er schrieb einen Zettel, für den Fall, dass die Nacht nicht reichen würde.

„Bin kurz weg. Komme spätestens morgen früh wieder", schrieb er darauf und legte ihn auf den Schreibtisch.

Dann schlich er kurz ins Badezimmer, spülte sein Gesicht mit Wasser ab und putzte sich die Zähne. Leise schlich er aus dem Haus.

Den Weg zur Schule ging Lennart nun zu Fuß. Es war unheimlich, so allein durch die Stadt zu laufen.

Martha wartete schon auf ihn. Als sie ihn sah, ging sie auf ihn zu und umarmte ihn. Ganz kurz. Das tat total gut. Lennart bemerkte erst jetzt, wie nahe er dem Weinen war.

„Bin ich froh, dich zu sehen", sagte er.

Und dann traten tatsächlich Tränen in seine Augen. Wie gut, dass es so dunkel war. Lennart setzte sich auf den Rand des Blumenkastens und vergrub sein Gesicht in den Händen. Martha legte ihren Arm um seine Schultern. Ihre Hand streichelte seinen Oberarm. Dabei sagte sie kein Wort.

„Ich allein bin an allem schuld", flüsterte Lennart. „Ich habe ihn zum Saufen auf-gefordert."

„Nein", sagte Martha jetzt und ihre Hand streichelte weiter. „Du bist nicht schuld. Alle wollten, dass ihr das Wetttrinken macht."

„Aber ich besonders, weil ich so sauer auf ihn war. Und weil ich auch nicht wollte, dass er in unserer Clique ist. Und weil ich nicht wollte, dass er neben dir sitzt." Das sagte er ganz schnell.

Martha stand auf und hockte sich vor ihn auf den Boden. Sie nahm seine Hände in ihre und schaute ihn an. Ihr schmales Gesicht war jetzt ganz nahe. Lennart konnte ihre dunklen Augen erkennen. Warm und aufmerksam waren sie auf ihn gerichtet.

„Denk doch mal nach, Lennart!", redete sie beschwörend auf ihn ein. „Sie alle wollten das Wetttrinken. Und weißt du, warum?"

Lennart schüttelte den Kopf.

„Weil sie sich alle so schrecklich langweilen. Weil sie alle nichts anderes mit sich anzufangen wissen, als sich die Kante zu geben. So ein Wettkampf ist doch spannend, wenn man sonst nichts hat."

Lennart musste weiter Marthas Gesicht anschauen. Sie sah so schön aus. Und so ernst. Und auch so liebevoll.

„Ich gehe da jedenfalls nicht mehr hin", fuhr Martha fort. „Ich hab keinen Bock mehr auf dieses langweilige Gerede. Was haben sie sich denn zu erzählen? Ob Rum besser ist als Whiskey? Wenn das alles ist …"

„Ich habe immer gedacht, dass es dir da gefällt", wunderte sich Lennart.

„Das hat es auch", nickte Martha. „Am Anfang jedenfalls." Sie zögerte. Redete dann weiter.

„Weißt du, ich hatte nicht viele Freunde in der Klasse. Jakob war der Einzige, der nett zu mir war." Sie überlegte. Lennart wartete. „Aber dann an diesem Abend, als ich diese schwarzen Zeichen im Gesicht hatte, war mir plötzlich klar, dass echte Freunde niemals so etwas machen würden."

„Was machst du stattdessen?", wollte Lennart wissen.

Martha lächelte. „Ich tanze – Videoclip-Dancing. In einer Tanzschule." Sie sah nachdenklich aus. „Ich war schon länger nicht mehr da. Dabei sind wir ganz gut. Beim Abschlussball hatten wir einen Auftritt."

„Hört sich gut an", murmelte Lennart. Gleichzeitig fühlte er sich irgendwie ausgeschlossen.

„Und du?", wollte Martha wissen.

„Ich war ja in der Schulband", sagte Lennart.

„Aber jetzt war ich so oft nicht da. Da haben sie einen anderen genommen."

„Such dir doch eine andere Band", schlug

Martha vor. „Ein guter Gitarrist hat immer eine Chance."

Jetzt streckte sie ihre Hände aus und strich ihm ganz vorsichtig über die Haare.

„Wir sollten wieder die Sachen machen, die uns wirklich Spaß machen", sagte sie.

Nun strich auch Lennart über ihr Gesicht.

„Aber wir sehen uns auch wieder, oder?", wollte er wissen.

Martha lächelte. „Klar", antwortete sie.

Kurz darauf standen sie auf und gingen Hand in Hand die Straße entlang. Lennart brachte Martha bis vor ihr Haus. Dann umarmte er sie. Martha drückte sich fest an ihn.

„Sehen wir uns morgen?", flüsterte er in ihr Ohr.

Martha nickte. Er konnte es spüren.

„Ich will morgen Fabian besuchen. Kommst du mit?", sagte sie leise.

Fabian. An ihn zu denken, machte Lennart große Angst. Am liebsten würde er für immer vergessen, was dort im Steinbruch zwischen ihnen beiden passiert war.

„Was ist?", fragte Martha.

Da nickte Lennart. Und dann – das war ja nicht zu fassen – küsste sie ihn ganz vorsichtig auf den Mund.

Es ging alles so schnell. Sonst hätte Lennart sie doch zurückgeküsst. Aber bevor er irgendetwas tun konnte, war sie schon im Hauseingang verschwunden.

Als Martha und Lennart vor dem Kreiskrankenhaus ankamen, war ihnen ziemlich mulmig zumute. „Station C 3, Zimmer 32", sagte die Frau in der Rezeption, als Martha nach Fabian fragte.

Vor der Zimmertür klopften sie an. Dann öffneten sie leise.

Gott sei Dank war Fabian allein im Zimmer. Und er freute sich über ihren Besuch. Er hatte einen Verband um den Kopf und einen Tropf am Arm.

„Bin ich froh, dass ihr kommt!", rief er. „Hier ist es nämlich total öde."

Martha setzte sich auf den freien Stuhl, Lennart auf sein Bett.

„Wie geht es dir?", wollte Martha wissen.

„Ganz okay", meinte Fabian.

Dann sah er Lennart an.

„Ich habe euch ganz schön Stress gemacht", sagte er. „Tut mir echt leid."

„Geht mir genauso", brummte Lennart. „Ich habe ein wahnsinnig schlechtes Gewissen."

„War eine schlechte Idee mit dem Wetttrinken", mischte sich Martha jetzt ein. „Und das machen wir ganz bestimmt nicht wieder."

Fabian nickte. „Ich jedenfalls nicht", meinte er. „Ich glaube, vom Alkohol habe ich bis an mein Lebensende genug. Jetzt muss ich nur noch meine Eltern beruhigen." Er seufzte. „Aber das kriege ich auch noch hin."

„Fabian?", begann Lennart vorsichtig.

„Ich wollte dir nur sagen, dass du immer mein allerbester Freund warst. Und ich …" Er schluckte. „Ich würde mich freuen, wenn es so bleibt. Wenn wir diese schreckliche Sache irgendwie vergessen könnten."

„Schon passiert", grinste Fabian. „Du schuldest mir doch sowieso noch ein Rückspiel beim Tischtennis."

Als Martha und Lennart das Krankenhaus verließen, fühlte sich Lennart so federleicht.

Es gab noch einige Sachen zu klären. Bei Fabians Eltern musste er sich entschuldigen. Und bei seinen eigenen erst recht. Aber er wusste, sie würden ihm verzeihen, wenn er sein Verhalten änderte.

Hand in Hand ging er mit Martha die Straße entlang. Das fühlte sich gut an. So verdammt gut.

Marthas Handy brummte. Sie schaute auf das Display.

„Eine Nachricht von Jakob", sagte sie nachdenklich. „„Sind auf dem Spielplatz im Stadtpark. Kommst du auch?'", las sie vor.

„Nein?", fragte Lennart leise.

„Nein!", erwiderte Martha.

Sie gingen in das kleine Bistro am Marktplatz und setzten sich dicht nebeneinander auf das Sofa. Lennart legte seinen Arm um sie. Sie schmiegte sich an ihn.

„Warte mal!", rief sie plötzlich.

Dann sprang sie auf und lief zu der Pinnwand. Kurze Zeit später kam sie mit einem Zettel in der Hand zurück.

„Dringend Gitarrist für unsere Band gesucht" stand darauf. Lennart lachte.

„Da rufe ich heute noch an", sagte er.